问卷设计的理论、方法与新趋势

张 婵 ◎ 著

The Theories, Methods and New Trends
of Questionnaire Design

ZHEJIANG UNIVERSITY PRESS
浙江大学出版社
·杭州·

图书在版编目（CIP）数据

问卷设计的理论、方法与新趋势 / 张婵著. —杭州：
浙江大学出版社，2024.6
　　ISBN 978-7-308-25053-5

　　Ⅰ.①问… Ⅱ.①张… Ⅲ.①问卷法－研究 Ⅳ.
①C91-03

中国国家版本馆 CIP 数据核字(2024)第 107561 号

问卷设计的理论、方法与新趋势

WENJUAN SHEJI DE LILUN、FANGFA YU XIN QUSHI

张　婵　著

策划编辑	吴伟伟	
责任编辑	丁沛岚	
责任校对	陈　翩	
封面设计	雷建军	
出版发行	浙江大学出版社	
	（杭州市天目山路 148 号　邮政编码 310007）	
	（网址：http://www.zjupress.com）	
排　　版	大千时代(杭州)文化传媒有限公司	
印　　刷	杭州高腾印务有限公司	
开　　本	710mm×1000mm　1/16	
印　　张	12	
字　　数	185 千	
版 印 次	2024 年 6 月第 1 版　2024 年 6 月第 1 次印刷	
书　　号	ISBN 978-7-308-25053-5	
定　　价	68.00 元	

前　言

　　调查问卷是用于获取调查数据的重要工具,被广泛应用于社会生活中的诸多领域。对大部分人来说,撰写调查问卷似乎并不是一件难事,设计一份问卷看起来不需要太多的专业知识,特别是在网络调查平台的加持下,能够很轻松地制作出一份问卷并发放出去。即便是从事某一专业领域的研究者,也有不少人会觉得设计问卷没什么难度。然而在耗费时间精力回收问卷并处理数据时,他们往往会发现事情并不如想象中的那么简单。由于在问卷设计中欠缺考虑,最终得到的数据质量很有可能难以满足研究要求。为了解决不同领域研究者的困扰,有必要深入了解问卷设计的理论与方法。

　　设计问卷不难,但设计一份好的问卷并不容易。什么是好的问卷呢?就单个题项的测量而言,首先需要有好的效度。效度是指一个问题作为测量工具时,其测量内容在多大程度上与研究者所关心的内容相一致。问题效度与问卷措辞关系密切,看似不重要的措辞变化,有些时候可能会对调查结果产生意想不到的影响。但是,即使问题本身具有较好的效度,也不能保证受访者的回答就是真实的情况。很多时候由于受访者或问卷设计的原因,以及这两种因素的相互作用影响(如某些问卷设计对某类受访者的影响更大),受访者的回答与其真实情况存在差距,导致测量误差。就问卷整体的质量而言,问卷设计还需要考虑一个问题的上下文情境,以及问卷题目内容、问卷长度等特征因素对受访者回复质量的潜在影响。此外，以往大量研究表明，受访者的回复还可能受到调查模式（survey mode）的影响，如面对面访问、电话调查、邮寄调查、网络调查等模式的不同特征可能影响最终得到的数据质量。不同社会文化背景下的受访者，也可能表现出不同的回复风格。

在科学研究中设计出一份好的问卷，离不开理论的支撑和实证的检验。从理论角度来说，只有了解了受访者是如何回答问卷问题的，才有可能有针对性地设计问卷，更好地帮助研究者获得尽可能可靠和准确的数据。因此，本书在第一章回顾了调查方法领域关于受访者回复过程的三个理论，分别是回答调查问题的四步骤模型、"满意"理论和解释性启发式。从实证角度来说，不同的问卷设计方式是否会对数据结果产生预期中的影响，需要经过现实世界中经验证据的检验。本书在第二、三章系统地介绍了目前研究中评估问卷设计的主要指标和方法。这些指标和方法来自心理学、调查方法学等研究领域，适用于调查研究开始前后的不同阶段，服务于单一独立研究、元分析等研究目的，提供了定性与定量数据、眼动数据与回复行为等不同类型的证据。本书在介绍了问卷设计的基本理论和研究方法之后，在第四章梳理了关于调查问卷设计的一些重要实证研究结论。面对问卷设计领域数量庞大的实证研究文献，本书并不试图对以往数十年的研究做一个面面俱到的总结，而是从问题措辞、回复选项、问题格式这三个方面出发，聚焦问卷设计实践中最经常遇到的设计决策问题（比如回复选项采用 5 点量表还是 7 点量表、筛选题可能会怎样影响受访者的回复行为、如何设计开放式问题等），对以往的研究进行系统性的梳理和总结。

在问卷设计领域，聚焦性的英文专著并不罕见。相对而言，这一领域的中文著作更显稀缺。本书扎根于问卷设计的专门活动，希望向中文读者介绍领域内目前最重要的理论、方法和前沿的研究发现。在撰写本书的过程中，笔者参考了调查方法领域多部经典英文著作，特别是图兰吉（Roger Tourangeau）、里普斯（Lance J. Rips）和拉辛斯基（Kenneth

Rasinski）合著的《调查回复的心理学》（*The Psychology of Survey Response*），以及图兰吉、康拉德（Frederick G. Conrad）和库珀（Mick P. Couper）合著的《网络调查的科学》（*The Science of Web Surveys*）。本书融入了上述经典著作中关于问卷设计研究最有影响力的观点和发现，同时关注了近年来调查技术的最新进展，以及与之相关的问卷设计领域前沿研究问题。在第五章至第八章，分别讨论了移动网络调查的问卷设计、主动数据与被动数据结合的新型调查方法、密集追踪数据的生态瞬时评估法，以及大数据兴起对问卷调查的影响等内容。此外，本书也加入了中国社会文化背景下的问卷设计研究作为重要的参考案例。

以下是关于本书内容的一些说明：

第一，本书对问卷设计方法的阐述侧重于问卷设计中的一般性问题，这些问题在不同调查模式、文化背景下都可能或多或少地存在。在近年来关于问卷设计的实证研究中，网络调查占了相当大的比重。究其原因，一方面是由于网络调查的成本较低，给使用者带来的财务负担较小；另一方面是随着移动平台设备和互联网络的发展，衍生出的移动网络调查（见第五章）、基于智能手机的主被动数据搜集（见第六章）等新型模式，给问卷设计提出了新挑战。此外，目前调查方法学领域的大多数研究都是由欧美学者在西方语境和文化背景下完成的，这些研究结果在多大程度上可以推广到其他的语言文化场景中，需要更加谨慎地判断，其中的很多结论仍然有待在未来的研究中做进一步检验。

第二，调查问卷设计及相关的测量误差，只是调查诸多环节中的一个部分和一种误差来源。根据总体调查误差（total survey error）理论，在测量误差之外，调查误差还包含涵盖误差（coverage error）、抽样误差（sampling error）、无回复误差（nonresponse error）和处理误差（processing error）等。这些不同类型的误差，分别构成了各自相对应的研究领域。对调查数据质量的整体评价，需要综合考虑调查整体的设计（不仅限于问卷），以及不同的误差类型（不仅限于测量误差）。在不同种类的误差来源中，本书聚焦于调查问卷设计这一环节，重点关注与之相关的测量误差。需要说明的是,调查设计也可能影响其他种类的误差来源,比如问卷设计可能会影响人们是否愿意参加调查,并由此造成与之相对应的无回复误差。

第三,本书的容量有限,主要涉及与问卷设计相关的理论、方法和实证结果。笔者基于自己在调查方法领域的研究,以及在各种调查项目中的实际经验,试图在有限的容量内回应不同调查场景下可能遇到的具有共性的问卷设计问题。如果还有哪些问卷设计问题是您所关心的,以及在阅读本书的过程中,您有哪些疑问或者困惑,欢迎您提出宝贵建议和意见。谢谢!

目　录

第一章　关于受访者回答问卷问题的理论

本章将介绍关于受访者如何回答问卷问题的三个重要理论，分别是回答调查问题的四步骤模型（以下简称四步骤模型）、"满意"理论和解释性启发式。

第一节　四步骤模型

Tourangeau(1984)提出，受访者回答问题的过程可以分为四个步骤：①理解题意；②搜索和提取相关信息；③综合信息形成判断；④根据问题的要求，选择合适的选项（如单选题或多选题），或者给出回答（如填空题或开放题）。上述四个步骤，可以简单地概括为理解、提取、判断和回答。图1-1给出了回答调查问题的四步骤模型的具体流程，其中实线箭头可以视为理想情况下受访者回答问卷问题时经历的认知过程；虚线箭头用于示意在一些情况下，受访者可能会跳过其中一个或者多个认知步骤，或者从下一个认知步骤返回上一个认知步骤。

通常而言，理解题意是受访者回答问题的第一步。生僻的专业术语、复杂的句式结构，以及在一个问题中实际包含了多个问题的复合问题（double-barreled question），都可能给受访者造成理解上的困难。即便是

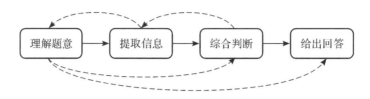

图 1-1　回答调查问题的四步骤模型

资料来源：Tourangeau(1984)。

看似简单的概念,受访者的理解也可能出现偏差。如英国国家统计局在研究其 2011 年人口普查数据的质量时发现,对"家里有几个房间"这道题目,尽管问卷中提供了一些说明(如应该包括哪些房间,不包括哪些房间),但仍有不少受访者无法判断哪些房间需要纳入答案中(Teague,2017)。看似差别不大的问题措辞,也可能会对调查结果产生意想不到的影响。一份以美国为场景的研究表明,相对于"全球变暖正在发生",来自共和党的受访者更加认同"气候变化正在发生"的表述(Schuldt et al.,2015)。笔者在对国内大型调查的研究中发现,受访者对"信佛"和"信佛教"有不同的理解。相对于"信佛教",有更高比例的受访者选择"信佛",一字之差可以使调查结果发生很大的变化(Zhang et al.,2022)。

在提取信息和综合判断这两个环节,受访者经历的认知过程和采取的策略与问题类型有关。对于个人的经历、行为以及相关事件等事实问题,人们在多大程度上能够准确地从记忆中提取信息,取决于自传体记忆(autobiographical memory)的结构。根据自传体记忆相关理论,Tourangeau 等(2000)把影响回忆准确性的因素归为两类:事件的特征,如发生时间的远近,每个事件的独特性、重要性等;问题的特征,如题目提供的可用于回忆的线索、回忆的顺序、调查的节奏等。在事实问题中,常见的一类问题是:在一个参照期内(如过去一个月内、过去一年内),某个行为(如出去看电影、在家听音乐)发生的频率。Tourangeau 等(2000)总结了受访者回答频率问题时使用的策略,并对相关的影响因素进行了研究。就受访者使用的回复策略而言,包括从最细致地回忆每个具体事件然后加总,到粗略地估计和猜测等类型。就影响受访者回复策略的因素而言,包括事件总体数量和规律性、每个事件的独特性、参照期的长短等内容。关于态度问题,早期理论认为人们的态度是相对稳定的。当调查问及对一个对象的态度时,人们只需要找到这个态度并且报告出来即可,这个过程就好像在抽屉里找到需要的文件一样。然而,这种观点无法解释为什么人们的态度容易受到问题的措辞、顺序、上下文语境等调查设计因素的影响。实际上,受访者对态度题的回答是个更加复杂的过程。Tourangeau 等(2000)把受访者回答态度问题时可能用到的信息来源分为三种:基于印象、基于一般的价值和立场、基于对目标对象的具体信念和感受。总的来说,在提取信息和综合判断这两个回答调查问题的步骤中,无论是对事实问题还是对态度问题,都存在多种回复策略,对回复质量有着各自的含义。

在四步骤模型中,最后一个步骤是给出回答。在经历了理解题意、提取信息、综合判断这三个步骤后,选择一个选项或者给出一个回答看似是容易的。然而,调查方法领域的大量研究表明,这最后一步同样构成了产生测量误差的重要原因。为了更好地分析测量误差在给出回答这一步骤的产生机制,Tourangeau 等(2000)将给出回答这一步骤进一步分解成两个过程:①映射(mapping),根据理解、提取、判断的结果,选择一个合适的选项或给出一个回答;②编辑(editing),对选择/回答进行编辑调整。受访者在映射这一步可能并不十分明确自己应该如何选择,如"经常"和"频繁""非常同意"和"比较同意"等相对接近的选项间通常没有明确的界限。调查方法学领域的大量研究发现,选项的数量、方向、文字标签等量表设置的不同,会影响受访者的回答结果(详见本书第四章第二节)。在编辑这一步,大量研究发现对于一些问题,由于社会期许效应(social desirability effect)的存在,出于担心信息泄露带来的风险或者其他的顾虑,受访者可能不会报告自身真实的情况(Tourangeau et al.,2007a)。

在描述四步骤模型时,我们使用了"步骤"或"阶段"的说法。Tourangeau 等(2000)强调,受访者在回答问题时的思考过程不一定总是按照理解—提取—判断—回答的顺序进行的。受访者回答问题时实际经历的认知过程是多样的,可能是由这四个步骤中的一个或者多个部分形成的多种形式的组合。这些步骤可能同时发生,相互之间也可能有所重叠。受访者在读题的同时,可能已经开始在记忆中提取相关信息。他们也可能在不同步骤之间反复,如在回答事实问题时,会在初步搜索记忆之后判断提取信息的准确度,如果认为不够准确则会继续搜索记忆。此外,受访者还可能跳过某个或者多个步骤。对于一些可能涉及敏感信息的题目,受访者可能在了解题意之后直接选择"不知道"或者"拒绝回答"的选项。

四步骤模型的提出,为调查方法学领域关于测量误差的研究提供了重要的理论框架。在四步骤模型框架下,关于测量误差的研究可以聚焦在受访者回复调查问题的一个或者多个步骤,帮助研究者更加细致和深入地分析产生测量误差的来源,为提升回复质量提供更加明确的策略。Tourangeau 等(2000)在《调查回复的心理学》(*The Psychology of Survey Response*)一书中,结合当时的认知心理学和调查方法学理论以及相关的实证研究,详细梳理和阐述了受访者在理解、提取、判断和回答等四个步骤中,可能经历的具体认知过程和采用的回复策略。过去20年间,学界对测量误差的研究主要是运用四步骤模型,通过实证方法评估不同调查设计对受访者的影响。相对而言,对受访者回答问题时经历的具体认知过程缺乏进一步的研究。因此,《调查回复的心理学》一书中关于受访者如何回答问题的分析和讨论,对当前研究仍然具有重要的指导意义。

第二节　"满意"理论

在关于受访者回答的理论中,"满意"理论(Satisficing Theory)得到了大量的关注。根据《韦氏大词典》中的解释,"satisfice"是由"satisfy"(满意)和"suffice"(足够)两个词语结合而来的,被用来表达"做得刚刚好以满意"的意思。为了表述的方便,本书把"satisfice"也翻译成"满意",并加上引号以提示读者"satisfice"和"satisfy"所表达出来的含义具有区别。

赫伯特·西蒙（Herbert A. Simon）在 20 世纪五六十年代,围绕决策理论的领域,发表了多篇关于有限理性论（Limited Rationality）的著作。有限理性论考虑到个体的信息处理能力存在上限,从而区别于传统的古典经济人假设。基于有限理性论,在面对外部环境和自身能力约束时,一种理性的决策并非是充分评估了所有可能性之后在其中选取结果最优的方案;而是付出足够的努力在有限的可能性中进行选择,旨在得到一个满意的方案（Simon,1955,1956）。

西蒙提出的有限理性论对经济学、管理学、认知心理学等诸多领域有着重要影响,其中"满意"的核心概念构成了不少讨论的基础内容。调查方法学界对"满意"概念的关注和运用,主要始于 Krosnick(1991) 的研究。Krosnick(1991) 运用"满意"来解释受访者回答调查问题时的状态,即没有尽可能地努力给出一个最优的回答,而是付出足够的努力以获得一个令自己满意的回答。这种回答问题的策略,在调查方法学中被称为"满意"策略。基于"满意"概念对受访者回复策略的阐述被称为"满意"理论。

在 Tourangeau(1984) 提出的回答调查问题四步骤模型基础上,Krosnick(1991) 进一步定义了最优和"满意"的回复策略。根据四步骤模型,受访者在回答调查问题时的认知处理过程可以分为四个步骤:解读问题的意思,在记忆里搜寻相关的信息,把相关的信息整合起来形成综合判断,基于这个综合判断回答调查的问题（详见本章第一节）。最优化的回复策略是指受访者在回答调查问题时仔细且全面执行上述这四个步骤。"满意"策略是指,受访者执行上述步骤不认真,或者干脆跳过了一个或者多个步骤。如针对调查问题"在过去的一个月,你总共点了多少次外卖",假如受访者经常叫外卖,则需要在记忆（或者手机记录）中检索大量的相关信息才能准确地回答这个问题。受访者可能不愿意费这番功夫,选择基于自己的大致印象给出一个估计。这种回答方式不是最优的回答方式,而是"满意"的回答方式。

"满意"策略的使用可能使受访者的回答不准确,这是问卷调查的执行者和研究者所不希望看到的。因此,调查研究在谈及"满意"策略时,通常表现出一种负面的态度。但是对受访者而言,最优的回答问题方式在很多情况下实际上很难做到。在资源、能力、周围环境等因素的限制下,"满意"策略可能是一种不准确但理智或可行的策略。比如,如果一个人经常但是不规律地点外卖,要准确地回答出过去一个月总共点了多少次外卖,虽然在理论上可行,但是实际上需要费很多精力才能计算清楚。又如,常见的对总体生活满意度的测量,需要受访者根据其对生活总体的满意程度给出一个分数,使用"1"表示非常不满意,使用"5"表示非常满意,要求受访者在 1 到 5 之间打一个分数。在这种情况下,最优的回复策略至少需要受访者非常认真地思考生活的各个方面。这种最优的回复策略需要耗费受访者相当多的时间和精力,在实际操作中往往难以界定多"认真"才算"认真"。通过对上述的案例进行总结可以发现,最优策略虽然在理论上存在,但是现实中受访者采取"满意"策略可能是调查实务中的常态。

理论上,所有非最优的回复策略,都是"满意"策略。受访者采用"满意"策略,并不一定意味其回答问题的四个步骤每一步都产生了非最优的结果。如在"点外卖次数"的例子中,由于调查的问题简单明确,受访者在理解题目的这一步很可能是充分的。受访者能够清楚地明白这个问题的意思。在这个问题中,"满意"策略可能主要出现在搜索信息这一步。"满意"策略对回复质量的影响取决于受访者使用"满意"策略的程度。Krosnick(1991)认为,"满意"策略有强弱之分。如果受访者在回答问题时,虽然完成了理解、提取、判断和回答这四个步骤,但没有足够认真地执行每一个步骤,可以被认为是弱"满意"策略。如果受访者在读题后,略过提取和判断这两步,直接回答问题;或者在更加极端的情况下,受访者在没有读题的情况下直接给出回答,如在单选题里随机选择一个选项,可以被认为是强"满意"的策略。

Krosnick(1991)提出三个影响受访者使用"满意"策略的因素,分别是任务难度、受访者能力和受访者动机。使用"满意"策略与任务难度成正比,与受访者能力和动机成反比。

第一,任务难度。根据回答调查问题的四步骤模型,回答问题的难度由理解、提取、判断、回答这四个步骤的难度组成。调查研究对问题难度的评估,主要通过回复时长来反映。一般而言,回复时长越长,意味着问题的难度越大。Yan等(2008)发现,网络调查中影响回复时长的问题特征包括从句的数量、从句内平均单词数、选项的数量和类型,以及问题在问卷中的位置等因素。

第二,受访者能力。Krosnick(1991)指出,影响使用"满意"策略的受访者能力包括三个方面:提取整合概括信息的能力、对特定问题的思考程度,以及受访者是否在调查前就对相关问题具有明确的态度。目前对受访者"满意"策略的研究,主要使用受教育程度作为受访者能力的近似替代。国内外的一些研究发现,受教育程度越低的受访者"满意"策略的使用程度越高(Krosnick et al.,2002;Anduiza et al.,2017)。笔者在国内网络调查的研究中也发现,受教育程度较低的受访者,采用"满意"策略的程度更高(Zhang et al.,2023)。

第三,受访者动机。Krosnick(1991)认为,影响受访者动机的因素很多,可能包括调查的重要性、对调查的兴趣、受访者在多大程度上认为需要对自己的行为进行解释或者负责,以及受访者内在的认知需求等。

总体来说,受访者在一个问卷问题上思考得越充分,这个回答越接近最优的回答。在Krosnick(1991)论述的基础上,Zhang(2013)对受访者思考问题的充分程度与受访者动机、受访者能力、任务难度的关系做了进一步的阐述。其研究提出,受访者在回答一个问卷问题时存在一个可达到的最充分思考程度,其和最优回复之间的差距与受访者能力和任务难度有关。与此同时,受访者在某道题目上存在一个实际的思考程度,其与最充分的思考程度之间的差距取决于受访者努力认真作答的动机(见图1-2)。

"满意"策略是受访者的一种主观决策,在一般情况下,"满意"策略本身不能直接被研究者观察到。Krosnick(1991)提出了一系列关于"满意"策略的表现形式:在一系列选项里选择第一个看起来合适的;回答"不知

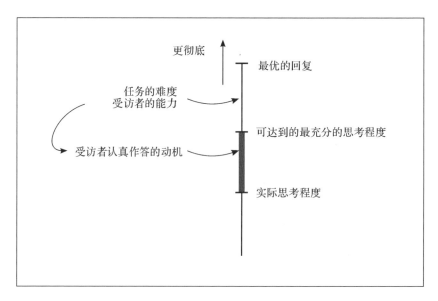

图 1-2　受访者思考问题充分程度与受访者动机、受访者能力、任务难度之间的关系

资料来源：Zhang（2013）。

道"；当一系列问题的选项相同时，倾向于给出一样的回答，如当选项都是"1＝非常不满意，5＝非常满意"时，所有问题都回答"非常满意"。这些"满意"策略的表现形式，在调查方法的研究中也被称为"满意"行为或"满意"指标，本书将采用"'满意'指标"的说法。需要注意的是，"满意"指标的出现，并不意味着受访者一定采用了"满意"策略，如在受访者回答"不知道"时，可能真的是不知道。这就像流感的症状包括发烧，但是发烧不一定意味着一定得了流感。关于"满意"指标更加细致的讨论，详见本书第二章第三节的内容。

　　Krosnick（1991）提出的一系列"满意"指标，对关于调查回复质量的研究产生了非常重要的影响。在理想情况下，对于回复质量的评估需要真实值。继续前面"点外卖次数"的例子，如果要准确判断这道题的回复质量，需要知道受访者点外卖的真实情况。但是对于真实世界中的研究来说，类似的信息往往不可获得。实际上，如果研究者已经知道相关信息，就没有必要在问卷中去提问了。在大多数研究中，准确判断调查问题的回复质量是非常困难的。"满意"指标和"满意"策略并不是完美对应的

关系,"满意"指标有时并不能直接反映回复质量的高低。但在 Krosnick
(1991)提出了这些"满意"指标之后,调查方法领域出现了大量研究,利用
"满意"指标对调查的回复质量进行评估。虽然"满意"指标的数值并不一
定能直接反映出受访者采用"满意"策略的程度,但研究者可以通过比较
不同调查方法对"满意"指标的影响,来推断其对数据质量的影响。如在
对调查模式的研究中,经常使用"满意"指标来判断面对面、电话访问和网
络调查中哪种调查模式的回复质量更高(Fricker et al.,2005;Holbrook
et al.,2003)。

第三节　解释性启发式

启发式是一个心理学概念,用于描述在不确定情况下进行的判断或
选择。在具有不确定性的背景下,人们有时会采用一些简化的启发式法
则,而不是在对各种可能的结果及其发生概率进行全面、细致、深入的考
量之后做出最优的判断或者决定(Tversky et al.,1974)。启发式不仅是
心理学领域的重要概念,其对经济学、政治学、法学以及人工智能等多个
领域也都有着非常重要的影响(Gilovich et al.,2002)。

Tourangeau 和他的同事使用"启发式"概念,解释了受访者有时候会
借助一些看起来不重要的问卷设计元素来帮助自己解读和回答问题
(Tourangeau et al.,2004,2007a,2013)。他们提出了五种解释性启发式
(interpretive heuristics),并且通过一系列调查方法学实验证实这些解释
性启发式在受访者回答问题过程中确实发挥了作用。接下来,我们对五
种解释性启发式做具体介绍。

第一,中间意味着典型(middle means typical)。在解读一个量表的
选项时,受访者可能会认为量表的中间位置代表概念上的中点,或者将其
视为最典型、最常见的回答。Tourangeau 等(2004)通过实验的方法,比

较了两种量表选项的设计,如图 1-3 所示。设计 a)是传统的等间距量表,即选项之间的距离是相同的;设计 b)是间距不等的量表,越靠近左边的选项间距越窄。在设计 b)中,原来的中间选项"机会均等"在视觉上不再是量表的中点。相对于等间距设计,"有可能"这个选项在间距不等的设计中更加接近视觉的中点。实验结果显示,相较于等间距设计,在间距不等的设计中受访者选择"非常可能""有可能"和"不太可能"三个选项的比例之和显著更高。这意味着,量表的中间位置对受访者具有特殊的意义。当选项越接近视觉的中间位置,受访者越可能会认为这样的选项或回答更加常见或者普遍,也就更加容易选择这个选项。

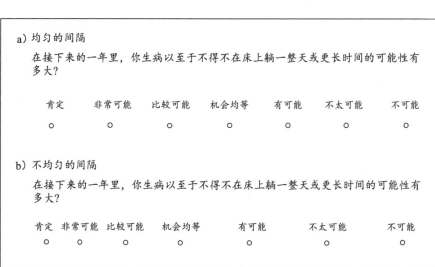

图 1-3 "中间意味着典型"实验示意

资料来源:Tourangeau 等(2004)。

第二,左和上意味着(选项的)开始(left and top mean first)。受访者在填写问卷时,会期待选项从左边(对于横着排列的选项)或者上边(对于竖着排列的选项)开始;认为不同选项之间从左到右或者从上到下具有递进关系,如选项依次排列为"非常同意""比较同意""一般""比较不同意""非常不同意"。根据这一启发式原则,如果选项顺序的排列不符合人们的这种预期,意味着受访者可能需要更多的时间用于理解和回答这个问题。如图 1-4 所示,可以在选项中改变"一般"的位置,将选项顺序调整为"一般""非常同意""非常不同意""比较同意""比较不同意"的顺序。Tourangeau 等(2004)结合实验结果,验证了这个假设。他们发现,当选项顺序不符合预期时,受访者不仅回复时长有所增加,回答的分布也发生了改变。

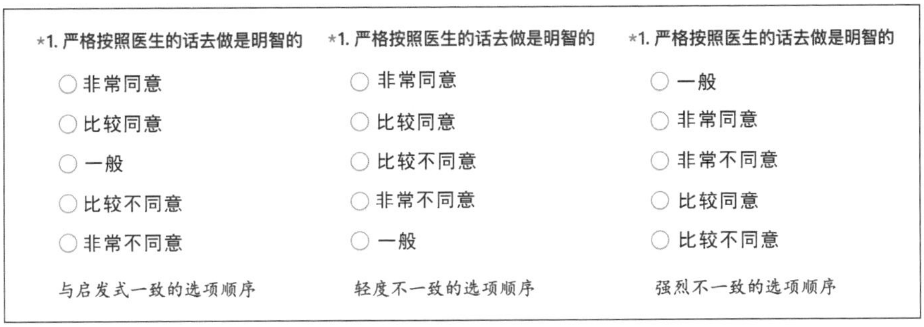

*1. 严格按照医生的话去做是明智的

○ 非常同意
○ 比较同意
○ 一般
○ 比较不同意
○ 非常不同意

与启发式一致的选项顺序

*1. 严格按照医生的话去做是明智的

○ 非常同意
○ 比较同意
○ 比较不同意
○ 非常不同意
○ 一般

轻度不一致的选项顺序

*1. 严格按照医生的话去做是明智的

○ 一般
○ 非常同意
○ 非常不同意
○ 比较同意
○ 比较不同意

强烈不一致的选项顺序

图 1-4　"左和上意味着选项开始"实验示意

资料来源:Tourangeau 等(2004)。

第三,位置相近意味着相关(near means related)。当两个题目在问卷中的位置靠近时,受访者可能会推断两个题目在概念上也具有联系。关于这一解释性启发式的证据,主要来自网络调查中对矩阵题的研究。研究发现,相比于不同题项在不同的页面,当不同题项出现在一个矩阵题里时,题项之间表现出来的相关性更高(Tourangeau et al.,2004;Couper et al.,2001)(见表 1-1)。

表 1-1　问题呈现方式对题项相关性和完成时长的影响

项目		一个屏幕多道题 ($n=338$)	一个屏幕一道题 ($n=327$)	差异
单个题项 与总体的 相关性	知识量表(5 项)	0.460	0.456	0.004
	态度量表(11 项)	0.640	0.610	0.030
	第一组(4 项)	0.318	0.245	0.073
	第二组(4 项)	0.301	0.175	0.126
	第三组(3 项)	0.311	0.295	0.006

续表

项目		一个屏幕多道题 （$n=338$）	一个屏幕一道题 （$n=327$）	差异
完成量表的 平均时长	知识量表（5 项）*	54.2	65.9	−11.7
	态度量表（11 项）	113.6	128.1	−14.5
	第一组（4 项）	55.1	57.0	−1.9
	第二组（4 项）	31.6	39.0	−7.4
	第三组（3 项）	26.9	21.1	−5.2
	合计**	167.8	194.0	−26.2

注：*、**分别表示在 5%、1%的水平上显著。

资料来源：Couper 等（2001）。

第四，上面意味着好（up means good）。在回答问题时，受访者可能会给位于上面的题项更加正面的评价。为了验证这个假设，Tourangeau 等（2013）通过六个实验，在不同抽样方法的网络样本中以不同方式控制了题项在屏幕中所处的位置（见图 1-5）。在不同的实验内容中，包含了不同食物成分、社会群体等类型的评价对象。他们通过对这六个实验的元分析（meta-analysis，详见本书第三章第三节），发现同样的评价对象，与位于屏幕下方时相比，位于屏幕上方时，人们倾向于给出更加正面的评价，但这个差异并不是很大。

第五，视觉相似意味着意思相近（like means close）。在一些情况下，受访者可能通过视觉上的相似程度推断概念上的联系。Tourangeau 等（2007a）在实验中控制了从"强烈反对"到"强烈支持"7 点量表的颜色。如图 1-6 所示，在一种情况下，"强烈反对"这一端为深红，"强烈支持"这一端为深蓝；在另一种情况下，"强烈反对"这一端为深蓝，"强烈支持"这一端为浅蓝。他们的研究发现，与"深蓝—浅蓝"组相比，"深红—深蓝"组中的受访者更倾向于选择"支持"这一侧的选项。上述研究同时发现，当 7 点量表中每个选项都有"有点不支持""比较不支持"等对应的文字标签时，量表颜色对回答的影响减弱。这可能是因为，相比于"深蓝—浅蓝"组，当"反对"这一侧的选项标记为红色时，受访者认为这些选项更极端并

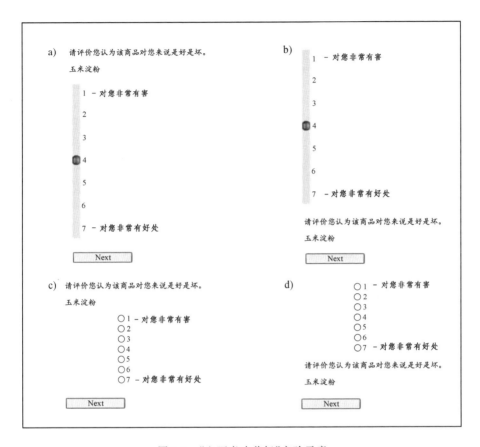

图 1-5　"上面意味着好"实验示意

资料来源：Tourangeau 等(2013)。

减少对其的选择。人们在回答量表问题时可能会借助量表的各种设计特征解读选项含义,当量表的信息不够明确时尤为如此。如当量表中不是每个选项都有文字标签时,信息的缺失给受访者带来了更多的回复负担。在目前通过智能手机填写的网络调查中,此类量表信息的缺失非常常见。对诸如"1—5""1—7"的量表选项,很多时候题目只给出两端选项的文字标签,如"1"代表非常不满意、"5"代表非常满意。在这种情形下,需要警惕问卷设计中其他看似不重要的设计特征,可能会对受访者的回答产生意想不到的影响。

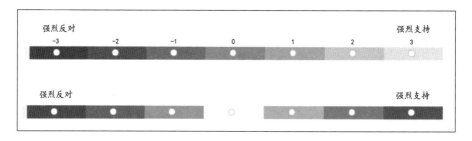

图 1-6 "视觉相似意味着意思相近"实验示意

资料来源：Tourangeau 等（2007a）。

第四节　三个理论之间的关系

　　四步骤模型提出，回复问卷问题包括理解题意、提取信息、综合判断、给出回答四个步骤，它的贡献在于给分析受访者如何回答问题，以及这个过程与问卷设计的关系提供了一个框架。调查方法研究引入心理学中的"满意"概念，用于描述受访者没有以最优的方式回答问题，而是采用"满意"策略，给出"看似合适""令人满意"或"足够好"的回答。调查方法研究常常将"满意"理论与四步骤模型相结合，探讨"满意"策略在回答调查问题四步骤中的具体表现。受访者可以将"满意"策略运用在回答过程的一个部分，如在提取信息这部分，受访者并没有尽全力努力搜索相关的记忆；也可以将"满意"策略运用在回答过程的多个部分，如在极端情况下受访者没有读题，也没有搜索记忆和综合判断，而是直接选择了一个选项。

　　启发式的概念同样来源于心理学，用来描述人们在做判断时基于的一些简化原则或方法，以及所带来的非最优决策过程。相对于"满意"理论，启发式聚焦于一些明确的法则、原则或者隐喻。目前调查方法学对启发式的研究，主要用于解释为什么一些看似不重要的问卷设计元素会对调查结果产生复杂影响。

　　尽管关于人们如何回答问卷问题的研究还包括其他理论，但在过去的几十年间,四步骤模型、"满意"理论和解释性启发式对研究调查问卷设计有着非常重要的作用。在前期建立研究假设,后期对研究结果进行解释时,很多研究都或多或少地基于这些理论进行论证和推演。随着技术的不断发展,调查的模式也在不断发生变化。2000年前后,出现了网络调查,之后又出现了移动网络调查(详见本书第五章),以及近几年受到关注的基于智能手机的主被动数据结合的调查方法(详见本书第六章),这些理论依然是研究和解释受访者回答行为的重要基石。

第二章　评估问卷设计的指标

　　本章将结合测量误差的概念,介绍评估问卷设计的重要指标。其中重点讨论了回复质量的评估指标和量表的信效度检验,并阐明了回复质量评估指标与回复质量及量表信度的关系。

第一节　测量误差

　　对于一个调查中的问题,测量误差(measurement error)是重要的误差来源之一。测量误差是真实值(Y_i)与实际得到的回答(y_i)之间的差距,其中 i 代表某个受访者。调查过程中的诸多因素,都可能影响到测量误差的大小。如在询问受访者的抽烟频率时,受访者可能会倾向于选择低报,导致实际得到的回答与真实情况之间存在偏差,由此出现了调查中的测量误差。

　　测量误差的出现,可能与受访者有关。根据"满意"理论(详见本书第一章第二节),影响"满意"策略的因素包括受访者能力和受访者动机。当受访者的能力不足或者动机较弱时,可能更倾向于采用"满意"策略,进而使其回答的准确性降低。这方面比较一致的研究发现是,受教育程度较低的受访者，所对应的回复质量往往也较低（Krosnick et al.，2002；Roßmann et al.，2018；Zhang et al.，2023）。

测量误差的出现，也可能与调查模式有关。国内外学者普遍认为，相比于电话调查、网络调查等调查模式，受访者在面对面访问中更加认真和投入（Holbrook et al.，2003；Heerwegh et al.，2008）。受上述因素的影响，尽管需要承担的调查成本相对高昂，面对面访问仍然是很多国内外重要大型调查采用的访问模式，如美国密歇根大学开展的收入动态追踪调查（Panel Study of Income Dynamics，PSID）、中国人民大学开展的中国综合社会调查（Chinese General Social Survey，CGSS）等。

在受访者、调查模式之外，问卷设计也是影响测量误差的重要因素。调查方法领域的大量研究表明，问卷问题的措辞、选项设计、回答形式等设计特征，都可能影响到受访者的回答。本质上，调查方法领域对问卷设计的研究是为了探索什么样的问卷设计可以获得更小的测量误差。此外，受访者的回答还可能受到其他随机因素的影响，如受访者当天的心情可能会影响他/她在那一天对一些态度问题的回答（Schwarz et al.，2003）。

受访者实际给出的回答，可能受到诸多因素的影响。调查方法学认为受访者的回答是一个随机变量，由此将测量误差进一步分为偏差（bias）和方差（variance）两个部分。测量误差中的偏差部分是指受访者的回答不仅有别于真实值，并且这个差别具有一定的倾向性。如对于"每周锻炼身体的频率"等含有社会期许意味的题目，受访者的回答可能会系统偏离真实值，报告的锻炼频率倾向于高于真实的锻炼频率。测量误差中的方差部分，描述的是受访者回答的不稳定性。如对于行为频率题，最终的调查结果取决于受访者采用的回复策略，给出的回答可能高于或者低于实际的情况。对于态度题，调查时的情境可能会导致受访者的回答具有不确定性。具体而言，这种情境因素可能包括在回答这个题目之前问卷中的问题、受访者在完成问卷时当下的心情等。

测量误差中的方差部分，与心理学的信度概念有一些相似之处。然而值得注意的是,心理学对信度和效度的讨论主要是建立在量表基础上的。心理学量表通过多道问题对同一个概念进行测量,量表信度的一个常用指标是受访者在回答不同题项时回答的一致性,常常使用克隆巴赫系数(Cronbach's alpha)等定量指标加以反映。这样的指标所反映的主要是测量问题不同导致的结果不稳定性。而在调查方法学中,测量误差的方差部分是在具体问题基础上形成的。对于当前的问题,受访者回答问题所处的情境、具体认知过程以及回复策略的不同,可能导致对某一道问题的回答具有不确定性。相对于方差部分,调查方法学对测量误差的研究更多关注偏差部分。这可能是由于偏差部分可以直接影响调查对均值的估计,如对满意度、收入、支持率等的研究,往往更加侧重报告均值数据。

根据测量误差的定义可以发现,准确计算测量误差需要知道真实值的大小。如在 2015 年中国综合社会调查中有关个人收入的问题是:"您个人去年全年的职业/劳动收入是多少?"如果想要计算测量误差,需要知道每个受访者的真实个人收入。然而实际上对于绝大多数调查来说,研究者是不知道真实值的。对于事实问题,尽管研究者可能不容易得到真实情况,但真实值可以被认为是客观存在的。然而对于主观态度题,受访者的真实态度或者立场本身就是一个抽象的概念。如在 2015 年中国综合社会调查中,关于主观幸福感的问题为:"总的来说,您觉得您的生活是否幸福?"受到上述因素的影响,尽管测量误差本身的定义并不复杂,但是研究者通常由于难以获得受访者的真实情况而无法直接计算测量误差。在对回复质量的研究中,直接计算测量误差的比较少见(如 Schuh-Renner et al.,2019),大多数研究都是借助一些指标来评估回复质量。

第二节　回复质量指标

调查方法领域针对回复质量的研究,大都依赖于一系列的指标。这些回复质量指标(response quality indicator),有时也被称为"满意"行为(satisficing behavior)、问题行为(problematic behavior)或者不期待的行为(undesirable behavior)。Krosnick(1991)在阐述"满意"理论时,提出了六种"满意"策略的表现形式。在后来的研究中,又提出了更多的回复质量指标。很多回复质量指标都与"满意"策略有关,在调查方法研究中通常不对回复质量指标和"满意"行为这两种说法加以明确区分。在本书中,这两种说法指代的意思也一样。以下是对常用回复质量指标的介绍。

第一种回复质量指标:选择第一个看起来合理的选项,而不是在所有选项中选择最合适的选项。这种情况经常出现在选择题中,尤其是选项看起来都具有一定合理性。如在一项对大学生的调查中,有一道问题是"你在大学期间的压力主要来自?(多选)",选项为"学习压力""科研压力""经济压力""人际关系""就业和发展前景""恋爱问题""家庭问题""身体健康""社会环境""其他"(如图 2-1 所示)。对于这样的问题,每个选项看起来都有一些道理。研究表明,在上述这种情况下,选项的顺序可能影响调查的结果。在网络调查、邮寄调查等以视觉方式呈现问卷问题的调查模式中,人们更倾向于选择选项列表里靠前的选项,表现出了首因效应(primacy effect)的特征(Krosnick et al.,1987)。当选项是以听觉方式呈现时(比如电话调查),受访者给出的答案取决于具体的回复策略。如果受访者边听选项边思考问题,则可能倾向于选择靠后的选项,表现出近因效应(recency effect)的特征。如果受访者在听完所有选项之后,再从头开始逐一思考,那么也可能表现出首因效应的特征(Krosnick,1991)。

第二种回复质量指标:默许偏差(acquiescence bias)。在调查中,有一种类型的态度题是询问受访者对一个陈述的态度。如在 2015 年中国综合社会调查中,有一道问题的题干是"职工需要强大的工会来保护他们的利益"(如图 2-2 所示),所对应的选项为"非常同意""比较同意""无所谓同意不同意""比较不同意""非常不同意"。Krosnick(1991)认为,对于这种陈述题,采用"满意"策略的受访者可能只尝试找出自己支持这个陈述的理由,采取最优回复策略的受访者则会同时考虑自己支持或不支持

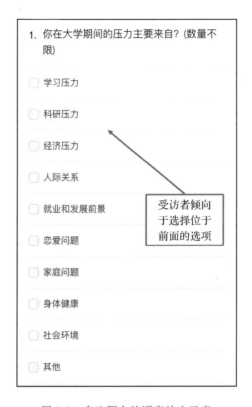

图 2-1　多选题中的顺序效应示意

这个陈述的理由。采用"满意"策略的受访者只有找不出任何自己支持这个陈述的理由时，才可能选择不同意的选项。由于调查中这类陈述题通常看起来都有一定的道理，如果受访者只考虑这些陈述为什么合理，那么他们就更倾向于选择"同意"或"支持"。

*1. 您是否同意下列说法？					
	非常同意	比较同意	无所谓同意不同意	比较不同意	非常不同意
职工需要强大的工会来保护他们的利益	○	●	○	○	○
强大的工会对我国的经济不利	○	●	○	○	○

图 2-2　态度题中的默许偏差示意

　　第三种回复质量指标：对涉及改变的态度题，选择"保持不变"。在调查中，有一类题目关心受访者是否认为当前状况应该改变，如"你认为政府在环境保护方面的支出应该更多、更少还是保持不变？"（如图 2-3 所示）。Bishop（1983）等研究发现，在由访员执行的调查中，当调查明确提供"保持不变"的选项时，与受访者主动提出相比，选择这个选项的受访者比例大幅增加。这意味着，"保持不变"这个选项可能给一些不愿意花费精力思考的受访者提供了一个认知上的捷径。

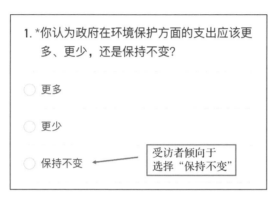

图 2-3　调查中涉及态度改变的问题示意

　　第四种回复质量指标：无差异回复（non-differentiation）。当一系列问题具有相同的选项时，受访者倾向于给出相同的回答。如当连续几个题目的选项都是"非常同意"到"非常不同意"时，受访者可能对这些题目全部选择一样的选项。调查方法领域的研究发现，无差异回复在低受教育程度受访者中更多出现（Krosnick et al.，1987；Zhang et al.，2020），在问卷靠后的问题中更多出现（Conrad et al.，2017）。这些研究表明，无差异回复的程度与受访者能力负相关，与调查疲劳程度正相关，意味着无差异回复与"满意"策略的使用存在关联。尽管无差异回复存在于不同的调查模式中，但研究者对网络调查中的无差异回复尤为关注，其中的原因可能包括两方面：一方面，网络调查是一种自填写模式，受访者主要依靠自我激励完成问卷。与有访员的调查模式相比，网络调查模式下的回复质量具有更大的不确定性，使得研究者对此有着更多的关注。另一方面，网络调查经常把一系列内容相关、选项相同的问题用矩阵方式呈现出来。其中,矩阵的行是不同题项,矩阵的列是不同选项。如在对生活满意度的测量中,包含工作、收入、健康、社交等涉及生活不同方面的具体题项,选项均为从"非常满意"到"非常不满意"。矩阵题是网络调查中一种非常常见的问题格式,其优势在于以一种简洁的方式呈现一系列选项相同的题目。但与此同时,研究者也担心矩阵格式会增加无差异回复。如图 2-4 所示,无差异回复最极端的表现是直线作答(straightlining)。一些研究发现,相较于逐项提问(item-by-item),即把每一道问题当作单独的题目逐一列出,矩阵这种呈现方式产生的无差异回复更多(Mavletova et al.,2018;Tourangeau et al.,2004)。

第五种回复质量指标:选择"不知道"选项。研究者在设计问卷时,通常假设受访者可以回答这些问题。但是在有些情况下,研究者担心可能有一部分受访者确实对某个问题不清楚或者不知道怎么回答。受上述因素的影响,在调查中明确提供"不知道"选项并不罕见。Krosnick(1991)认为,当题目包含"不知道"选项时,使用"满意"策略的受访者可能会在理解题意后跳过"提取信息"和"综合判断"两个认知过程,直接选择"不知道"选项。Krosnick 等(2002)通过使用 9 个实验,比较了有"不知道"选项和没有"不知道"选项的区别。上述研究表明,选择"不知道"选项和"满意"策略存在联系。"不知道"选项对位于问卷靠后位置的问题,以及受教育程度较低或在调查中花费精力较少的受访者更具吸引力。

第六种回复质量指标:随机作答(mental coin-flip)。在受访者对问卷的作答过程中,一种比较极端的"满意"策略是随机选择。在这种情况下,受访者不仅不去搜索记忆和综合判断,甚至完全没有阅读题目和理解题意。在网络调查中,有一种检测随机作答的方法,即陷阱题(trap questions),也被称为注意力检查题(attention check questions)。陷阱题的表述样式较多,难度也不同(Liu et al.,2018b)。如图 2-5 所示,对于一道矩阵题,可以在原有的题项中插入一个新题项,专门用于检测受访者的注意力。如果受访者没有通过陷阱题的检测,不仅意味着他/她在这道题

图 2-4　矩阵问题中的直线作答（网络调查的手机端）

上不认真，通常也可以由此推断这个受访者在其他问题中的回复质量同样不高。

第七种回复质量指标："超速"回答（speeding）。除了 Krosnick (1991)提到的以上六个指标以外，还有一个常用的评价回复质量的指标是"超速"回答。特别是在网络调查中，"超速"回答是评估回复质量和进行数据质量控制的一个重要指标。在"超速"指标的使用过程中，关键是确定"超速"的标准，即到底回答得多快才能认为回答"超速"了。调查方法学的研究发现，一个问题的回复时长同时受到问题的复杂程度、受访者年龄、填写问卷的经验等特征的影响（Yan et al.，2008）。理论上对于"超

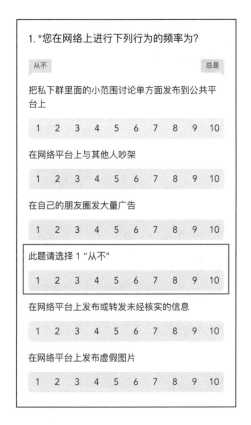

图 2-5 　陷阱题示意

速"的界定,应该"因人而异""因题而异"。然而在现实的调查实践中,做
到这样个性化"超速"界定比较困难。目前常用的"超速"界定标准有两
种:一种是相对标准,另一种是绝对标准。相对标准是基于一个调查里所
有受访者的回复时长设定的,如可以把回复时长的第五百分位数或者第
十百分位数定为"超速"的临界值。目前采用的绝对标准主要是阅读时
长,即一道题的字数乘以阅读速度。在 Zhang 等(2014)的研究中,使用每
个单词 300 毫秒的阅读速度乘以每道题的单词数作为"超速"的临界值,
这个阅读速度比大学生的阅读速度略慢。如果受访者在某道题的回复时
长低于这个临界值,就被视作在这道题上"超速"。这样定义"超速"的逻
辑是,如果受访者的回答时长连读题都不够,那么他/她大概率没有认真

回答。Zhang 等(2014)发现,"超速"的受访者更加可能在矩阵题中直线作答。上述研究表明,"超速"和直线作答这两种回复行为可能有相同的动机来源,验证了"超速"行为与回复质量存在联系。

第八种回复质量指标:填空题的回复质量。相对于选择题,问卷中的填空题更加能够反映受访者的认真程度。填空题主要分为两种:一种为需要填数字的问题,如在关于居民消费支出的调查中,可能会询问受访者每月在食品上花了多少钱;另一种为需要填写文字的问题,如在关于阅读习惯的调查中可能会让受访者具体列出过去一年阅读的书籍,在关于幸福感的调查中可能会进一步追问人们幸福或者不幸福的原因。对于需要填数字的问题,回复质量指标包括:极端值,如受访者回答每天使用社交媒体的时长超过 12 小时;无效回答,如不知道、拒绝回答,或给出一些无用的信息;"四舍五入"(rounding),通常为 10、100、500、1000 等数字的倍数。对于"四舍五入"的界定,具体衡量标准和题目中回复的变化区间有关。如对于每个月在食品上的消费,可以把"四舍五入"定义为回答数值为 500、1000 的倍数。对于需要填写文字的题目,常用的回复质量指标为受访者回答的长度。研究通常假设受访者回答的文字越多,回答得越认真。很多调查把这种开放式题目设置为非必答题,是否回答这道题同样也被作为回复质量的指标。

第三节　回复质量指标与回复质量之间的关系

无论是 Krosnick(1991)最初提出的一系列"满意"策略的表现形式,还是之后研究提出的"超速"回答等回复质量指标,本质上都是观察到的受访者行为。一方面,受访者在采用"满意"策略回答问卷问题时,既可能会表现出一种或多种"满意"行为,如回答"不知道"、在矩阵题中直线作答,也可能由于"满意"策略的表现方式更为隐蔽,没有被任何回复质量指标捕捉到。另一方面,当我们观察到受访者回答"不知道"或在矩阵题中直线作答时,并不一定意味着这些行为是他们采用"满意"策略的结果。受访者可能是因为真的不知道如何回答这个问题而选择"不知道",而不是由于没有认真思考问题而回答"不知道";同样,受访者在矩阵题中选择了相同的回答,如在生活满意度量表中对生活不同方面的评价都选择"比较满意",不一定是"满意"回复策略的结果,也有可能是因为受访者对生活不同方面的满意程度恰好都一样。

实际上,Krosnick(1991)最初在介绍这些"满意"行为时,明确指出这些"满意"行为的出现也有可能是其他原因而非"满意"策略的结果。如在介绍默许偏差时,Krosnick(1991)提到默许偏差的出现可能有其他原因,比如受访者的性格具有默许的倾向,或是受访者因地位低于访员而表现出的一种遵从行为。特别是在 20 世纪五六十年代的美国,访员大多数为白人中产阶级,受访者可能是工人阶层或者少数族裔,存在访员和受访者社会地位不平等的情况。尽管 Krosnick(1991)试图说明文章中提出的"满意"策略表现行为并非总是因为"满意"策略而产生,但后续学者在解读"满意"行为时容易忽略"满意"行为和"满意"策略之间存在不对等的关系。

尽管调查方法学领域已经建立起了一系列评估回复质量的指标,但并不意味着这些指标可以系统和全面地反映回复质量。已有研究表明,这些指标与回复质量之间存在一定关系,但能在多大程度上有效识别"满意"策略或者不准确的回复仍然存在很多未知数。此外,使用这些回复质量指标本身可能会改变受访者的行为,进而可能影响使用这些指标的效果。笔者在对网络调查的研究中发现,一部分网络便利样本库中的受访者会在问卷的最后一页(也就是提交问卷前)停留特别长的时间。进一步分析发现,这些在最后一页停留很久的受访者在问卷前面的回答速度非常快。这种现象的出现,可能是因为这些受访者知道整体回复时长是研究者和调查平台常用的数据质量评价标准。为了不在调查上花太多功夫,并且能通过这些质量控制指标顺利拿到完成问卷的报酬和奖励,他们在前面快速作答之后,采用在最后一个页面上"坐等"撑够时间的策略(Zhang et al.,2020)。

　　回复质量指标与回复质量之间的复杂关系,给评估调查的回复质量,以及如何使用和解读这些回复质量指标带来了挑战。一种极端的方法是,依据某个回复质量指标认定受访者没有认真答题,进而剔除这样的回答或者受访者。然而如前所述,上述方法可能"误伤"部分认真答题的受访者。相比依赖单一回复质量指标来判断数据质量和受访者的回复策略,一种更为普遍的方法是通过多个指标来进行综合评判。这种多指标的评判方法基于一个假设,即当一个受访者采用"满意"策略时,在一个调查中他/她可能会表现出多种"满意"行为。如果我们观察到受访者在回答矩阵题时不仅答题很快,同时给出的回答都是一样的,我们就更有信心推断受访者采用了"满意"策略。这种同时参考多个指标的评估方法,不仅可以运用在一个问题中,也可以运用在整个调查问卷中。如果受访者在前面的矩阵问题中直线作答,在之后的态度问题中选择"不知道",然后又在开放式问题中给出非常简略的答案,那么可以综合推断受访者在整个答题过程中很有可能采用了"满意"策略。

　　此外需要加以说明的是,虽然不能从回复质量指标直接推断受访者是否一定采用了"满意"策略,但是关于问卷设计的实验研究可以利用这些指标来比较不同的问题设计对回复质量的影响。这里的逻辑是,虽然受访者出现"满意"行为的原因不仅限于采用了"满意"策略,但是在实验范式下,如果发现一种问卷设计产生的"满意"行为显著高于另外一种问卷设计,可以由此推断前者对应的回复质量整体较低。

第四节　量表的信效度检验

在心理学、传播学等一些社会科学领域,研究者判断量表测量效果的重要依据是信度和效度。信度指的是一种测量方法得到的结果在多大程度上是稳定的、可靠的，即对同一个对象使用同样的测量方法，每次所得到结果之间的相似性。评估量表信度的方法较多，常用的包括重测信度（test-retest reliability）、分半信度（split-half reliability）和内部一致性信度（internal consistency reliability）等。重测信度与信度的定义最为接近，即对同一个样本测量两次，两次测量的间隔时间取决于测量概念自身的稳定性。如果两次测量结果变化不大，那么可以认为这种测量方法是稳定的。分半信度和内部一致性信度本质上比较接近，衡量的都是一个量表多个题项内部之间的一致性。如果一个量表内的不同题项测量的是同一个概念，那么一位受访者对这些问题的回答之间应该具有一定的相似性。如自尊量表中（见图 2-6）有一道题是"我感到我有许多好的品质"，另一道题是"总的来说，我对自己是满意的"，对应的选项都是"非常符合""符合""不符合""很不符合"。如果受访者在前一道题的选择中表明对自己持肯定态度，那么我们期待他/她在后一道题中的选择也应该对自己持肯定态度。在操作层面上，分半信度和内部一致性信度具有一些差异。分半信度把题项随机分为 2 个子量表，如把自尊量表（一共有 10 个题项）随机分为 2 个 5 题项的子量表，然后评估 2 个子量表测量结果的相似程度。对内部一致性信度而言，评估的是一个量表所有题项之间测量结果的一致性。内部一致性信度有多种计算方法，包括两个题项间的平均相关系数（如 10 个题项中任意两个题项的相关系数的平均值），以及在题项间相关系数的基础上计算出的克隆巴赫系数（Cronbach's alpha）。大多数研究只测量一次，所以无法使用重测信度来评估信度。在实际的研究过程中，在评估量表信度时使用最多的方法是量表内部一致性信度，最常见的方法是克隆巴赫系数法。

效度（validity）是指一种测量方法如一个量表，在多大程度上能反映想要测量的概念。评估效度的方法可以从理论角度出发，也可以通过实证方法入手。从理论角度来看，评估效度包括表面效度（face validity）和内容效度（content validity），一般采用专家打分法进行评价。表面效度，

	非常符合	符合	不符合	很不符合
我感到我是一个有价值的人，至少与其他人在同一水平上。	○	○	○	○
我感到我有许多好的品质。	○	○	○	○
归根结底，我倾向于觉得自己是一个失败者。	○	○	○	○
我能像大多数人一样把事情做好。	○	○	○	○
我感到自己值得自豪的地方不多。	○	○	○	○
我对自己持肯定态度。	○	○	○	○
总的来说，我对自己是满意的。	○	○	○	○
我希望我能为自己赢得更多尊重。	○	○	○	○
我确实时常感到自己毫无用处。	○	○	○	○
我时常认为自己一无是处。	○	○	○	○

图 2-6　自尊量表示意

资料来源：Rosenberg(1965)。

顾名思义,是指一种测量方法看起来是否是对概念合理的测量。一般而言,称某种测量方法具有表面效度,是指这个测量方法无须过多解释就让人觉得是合理的。内容效度聚焦在内容层面,旨在评估一个量表中的题项能在多大程度上反映想要测量的概念的不同方面。以测量游戏上瘾为例,游戏上瘾的概念可能包含多个方面,如一个人是不是总想着打游戏、打游戏对生活产生了多大程度的负面影响、打游戏是不是停不下来等(Lemmens et al.,2009)。量表具有较好的内容效度,意味着其能比较全面地反映游戏上瘾这个概念的不同方面。从实证角度来看,对效度的评估本质上是检验当前测量结果和一些外部指标间的关系,被称为效标关联效度(criterion-related validity)。基于外部指标和当前想要测量的概念之间的关系,效标关联效度主要可分为四种类型,分别为聚合效度(convergent validity)、区分效度(discriminant validity)、预测效度

(predictive validity)和同时效度(concurrent validity)。关于这几种效度的具体含义,可以参考 Bhattacherjee(2012)的讨论。

第五节　量表信度与回复质量指标的关系

从近年来国内外发表的学术文章来看,诸多社会科学领域都采用克隆巴赫系数等内部一致性信度指标作为数据质量的评估依据。有些量表设置了包含反向措辞(reverse wording)的题项。如自尊量表在一系列正向措辞的表述中设置了一个反向措辞的题项"我时常认为自己一无是处"。当量表中没有反向措辞的题项时,如果受访者的回答在不同题项之间具有比较高的一致性,研究者基于内部一致性信度认为这种情况下的数据质量是可靠的。然而从调查方法学的角度来看,这种情况意味着无差异回复程度很高,是一种回复质量不高的表现。

如何看待这两种观点之间的矛盾性?首先,内部一致性信度是不是越高越好,仍然是有待进一步讨论的问题。当量表用不同的问题去测量同一个概念时,我们期待问题之间的回答应该具有一定的关联。但是这种关联到多大程度才足够,或者说克隆巴赫系数应该达到 0.7 还是 0.8,并没有形成一致的定论。很多研究领域使用的是一些约定俗成的标准(rule of thumbs),而非基于科学研究方法建立起来的标准。其次,内部一致性信度能够科学反映测量效果的前提是受访者认真回答问题。当受访者认真回答量表问题时,不同题项之间回答的相似性可以被解读为不同题项测量同一概念的稳定性。但是,如果受访者没有认真回答量表问题,不同题项之间回答的相似性可能是"满意"策略导致的,比如直线作答。这种情况下较高的内部一致性信度并不代表较高的数据质量。很多量表在其最初创建时,对信度和效度的研究一般使用的都是大学生样本,其中很多研究为参与回答的学生提供一定的学分或其他激励。这样的研究设计意味着受访者具备较高的认知能力和比较充分的认真回答动机，所检验出来的量表内部一致性信度可能更能反映不同题项内容之间的关联程度。但是目前很多研究采用不同类型的网络便利样本，常见的来源包括问卷星、Qualtrics 等问卷调查平台提供的基于网络便利样本库的样本服务，以及 Mechanic Turk（亚马逊旗下的一家网站）等众包平台提供的问卷发放渠道。在这种情况下，内部一致性信度并不一定能够很好地反映数据质量。受访者使用"满意"策略，特别是在矩阵题中表现出来的无差异回复可能会导致量表的信度指标虚高（Hamby et al. ,2016）。

第三章　评估问卷设计的方法

本章将对评估问卷设计的方法进行说明，包括认知访谈、调查实验、系统综述、眼动技术四种方法。利用这四种方法，能够从不同方面出发对问卷设计加以有效评估。

第一节　认知访谈

在第二章，我们介绍了测量误差及回复质量指标等内容，主要关注受访者回复策略和回复过程对数据质量的影响。但是，问卷问题本身也可能存在各种各样的问题。这些问题的出现，可能使受访者不知道如何进行回答，或者导致受访者对问题的理解偏离问卷设计者的原意。在这种情况下，即使受访者认真回答问题，调查结果仍然会存在偏差。

认知访谈是在调查正式开始前，测试问卷的一种重要方法。与一般访谈不同，认知访谈关注的不是受访者对一道问题的具体回答，而是受访者回答这个问题时的思考过程。认知访谈重点关注受访者如何理解题目、看到题目时受访者想到了什么、他们如何在不同选项之间选择等。在接下来的部分，笔者将对认知访谈方法使用过程中几个关键设计决策进行介绍。如果读者想要更加全面和深入地了解认知访谈的操作方法,可以参考 Willis(2015)更加详细的讨论。

认知访谈主要分为两种范式:出声思维法(thinking-aloud)和探查法(probing)。在使用出声思维法时,受访者需要一边回答一边说出自己的思考过程。在认知访谈正式开始前,访员一般会用一个范例问题对出声思维法的使用加以示范,并让受访者自己尝试一下。在正式的认知访谈过程中,在受访者表述思考过程的时候,访员需要尽可能少地干扰或者打断受访者。在使用探查法时,访员对受访者的回答过程进行提问,如"对于'一点都不开心'这个选项,你怎么理解"。

在探查法的提问中,主要分为预先设定和现场自发两种类型的问题。预先设定意味着,在认知访谈开始前访员就准备好具体的题目。根据题目内容,可以进一步分为两种情况:一种情况是针对回复过程的一般性提问,如"对于这个题目,你是怎么理解的";另一种情况是对可能存在的问题进行有针对性的提问,如"你认为'社交媒体'指的是什么"。现场自发是指访员事先没有设定一些问题的具体内容,而是在访谈过程中针对具体内容进行后续的提问。无论是预先设定的探查法还是现场自发的探查法,问题既可以是面向所有受访者提出的,也可以由访员根据具体情况对一部分受访者进行有选择的提问。

认知访谈中,访员的角色不同,对访员的要求也有所差异。如果访谈问题主要是预先设定的,一般采用标准化访谈(standardized intervies)的方式。与传统的面对面访谈一样,访员需要尽可能不偏离预先设定的问题,以确保不同访谈之间具有可比性。在这样的认知访谈里,访员主要承担数据搜集者的角色。如果认知访谈中需要包含很多现场自发的提问,这意味着访员要有能力敏锐地捕捉到受访者回答过程中可能遇到的困难,并且进行有针对性但没有倾向性的提问,以进一步探寻受访者回复困难的原因。这种情况对访员的要求更高。访员不仅是数据搜集者,同时也承担着研究者的角色。在这种情况下,理想的状态是访员能充分了解问卷和认知访谈的目的,熟悉受访者在回答问卷过程中可能经历的认知思考过程和可能采用的回复策略。与此同时,访员还应该知道如何有效地通过观察、提问等方式发现回答过程中受访者出现的问题。

在认知访谈中,研究者得到的是数据和文本信息,其中包括受访者的回答以及描述访谈过程的笔记。分析访谈结果的方法,主要分为两种:一种是对访谈产生的文字材料进行编码,在此基础上进行系统的分析和总结。另一种不涉及编码,只对认知访谈中发现的问题进行文字总结。这样的总结可以分为两个层级,先由每位访员针对其完成的所有访谈进行总结,然后整合不同访员的总结形成最终的发现和结论。

认知访谈需要的样本量一般比较小,大多在 5—15 个之间(Beatty et al.,2007)。认知访谈的样本招募一般采用非概率抽样,以便利抽样方法为主。在选择样本时,一般要求样本的构成具有多样化特征。通常而言,会根据社会人口学以及与问卷内容相关的其他特征,选择招募具有不同背景的受访对象。在理想情况下,认知访谈对问卷的测试应该包括多个轮次。在每一轮的认知访谈结束后,会由研究者对问卷进行修改并用于下一轮的认知访谈。这个过程一直重复下去,直至不再出现新的问题。

认知访谈是研究者常用的测试问卷手段,不同研究采用的具体操作方法不尽相同。之前的研究总结和比较了认知访谈中不同操作方法各自的优缺点,发现这些操作方法在实际效果上各有利弊(Beatty et al.,2007;Willis,2015)。在目前的实际运用中,研究者往往采用混合的研究方法。如研究者可能先让受访者用出声思维法自行表述回答问题的过程,然后再由访员使用探查法进行提问。对于提问的方法,研究团队通常会在内部讨论的基础上形成一些预先设置的问题,同时允许访员根据访谈过程中的实际情况自行发问。

值得注意的是,虽然认知访谈是帮助研究者找出问卷中可能存在的问题的一种方法,但这种方法本身也可能存在一定的问题或者误差。一方面,问卷中存在的一些问题可能未在认知访谈中被发现;另一方面,认知访谈发现的问题可能不具有普遍性。相较于对调查方法的研究,对认知访谈方法的研究比较有限。对于认知访谈执行中涉及的各种设计决策对访谈效果的影响,相关研究普遍缺乏有力的实证依据。比如,访员可以通过受访者表露出来的"疑惑""矛盾""犹豫不定"等表征,推断受访者是否在回答问题过程中遇到困难,并在此基础上加以进一步的提问。但是,对于受访者在什么情况下会有这样的表征,这些表征具体包括哪些内容,不同表征是否具有不同的含义,这些表征在多大程度上能够有效地捕捉受访者在回答问题中遇到的问题等一系列问题,都存在很大的不确定性,仍然需要更多经验证据的支撑。

如上所述,认知访谈的结果本身就可能具有误差。目前调查方法学界对于如何进行认知访谈以获得最佳效果,并没有在经验证据基础上达成足够多的共识。但是毋庸置疑的是,即便是十分有经验的问卷设计者,认知访谈也能为其提供有用的乃至意想不到的信息。在正式开始调查前,通过认知访谈对问卷进行测试是一种保障和提高调查质量的重要手段。认知访谈操作简单,需要的时间和人力成本都不高。研究者可以针对实际情况,对认知访谈的具体方法进行调整,以满足项目实际面临的限制。如在时间有限的情况下,可以只对认知访谈进行文字总结,而不采用编码的分析方法。在目前的调查实践中,认知访谈这一步通常是缺失的。认知访谈应该成为调查执行和问卷设计中的必选项而不是可选项。

第二节　调查实验

在社学科学领域,调查和实验一般是指两种不同的研究方法。调查实验是一种将调查和实验结合起来的方法,是调查方法研究的一种重要手段。用于问卷设计研究的调查实验包含多个实验组,不同实验组呈现的问卷不同。受访者被随机分到不同的实验组,通过比较不同实验组中受访者的回答以及回复质量指标来评估不同问卷设计带来的影响。

实验方法具有较好的内部有效性,即具有较好的推断因果关系的能

力。调查实验可以用来判断和评估问卷设计对调查结果或受访者行为的
影响,也就是确定其中的因果关系。在问卷设计研究中,不同的问卷设计
构成了不同实验组中的刺激。尽管实验可以让研究者确定不同实验组观
察到的差异是由问卷设计因素产生的,但为了进一步确定是哪个问卷设
计元素导致了这种影响,研究一般采用"一次一因子"(one-factor-at-a-
time method)的原则来确定。具体而言,在比较不同的问卷设计时,一次
只改变一个维度(或因子)的特征。如果一次改变多个维度(或因子),将
无法区分实验组间的差异究竟来自哪个维度(或因子)。如在研究选项设
计对受访者回复的影响时,有两个实验组(见图 3-1)。其中一个组的选项
是 7 点量表,选项顺序是从"非常同意"到"非常不同意"。另外一组的选
项是 5 点量表,选项顺序是从"非常不同意"到"非常同意"。这两个实验
组不仅选项数量不一样,选项顺序也不一样,难以确定到底是哪个设计因
素对调查结果产生了影响。在这种情况下,即使实验结果发现这两种不
同的选项设计使调查结果产生了差异,也无法对差异的具体来源做出科
学归因。

根据实验所处的环境不同,可以将实验分为实验室实验和田野实验
两种类型。问卷设计中的调查方法实验同样可以分为两种,一种是在实
验室或者可控环境里进行的实验,另一种是在真实的调查环境中开展的
实验。实验室里的问卷设计实验,可以帮助研究者获得更加丰富的数据。
比如,在实验室中,研究者可以通过眼动设备在受访者填写问卷的同时捕
捉他们的眼动数据,为观察到的受访者行为数据提供进一步的解释
(Neuert et al. ,2023)。实验室实验的缺点在于,实验室环境与真实世界
的区别可能会影响到研究结果的一般性(即外部有效性)。特别是对问卷
设计研究而言,受访者在实验室中可能更有动力去尝试努力认真答题,表
现出来的行为及其回复质量可能会与在真实调查中的情况有所差别。相
对于实验室实验,更多的问卷设计研究采用的是田野实验的研究方法。
如对网络问卷设计的研究采用网络调查的模式,其中使用到的样本是网
络调查中常见的样本。这种实验研究得出的结果,与现实环境中调查的

结果具有较高的相似度。

1. 请回答你在多大程度上同意下列陈述。	1. 请回答你在多大程度上同意下列陈述。
非常同意　　　　　　　非常不同意	非常不同意　　　　　　　非常同意
当想法和感受发生时，我能够接受它们，而不是试图控制或避免它们	当想法和感受发生时，我能够接受它们，而不是试图控制或避免它们
1　2　3　4　5　6　7	1　2　3　4　5
我努力地防止不愉快的感觉	我努力地防止不愉快的感觉
1　2　3　4　5　6　7	1　2　3　4　5
我做对自己有意义的事情，尽管有时候这样做很难	我做对自己有意义的事情，尽管有时候这样做很难
1　2　3　4　5　6　7	1　2　3　4　5
我能识别出生活中真正对我重要的事情并追求它们	我能识别出生活中真正对我重要的事情并追求它们
1　2　3　4　5　6　7	1　2　3　4　5
7点量表 选项从"非常同意"到"非常不同意"	**5点量表** 选项从"非常不同意"到"非常同意"

图 3-1　违背"一次一因子"原则的实验设计

在调查方法研究中，应用较广泛的一种实验方法是情景实验（vignette methodology）。情景实验通过向受访者描述不同的具体情景，以获得在具体情景下他们的态度、想法和行为决策等信息（Atzmüller et al.，2010）。在调查方法学研究中，情景实验主要用于研究影响调查参与意愿的因素。如 Keusch 等（2019）利用情景实验的方法，分析了包括研究赞助方的类型、研究的题目、数据搜集的时长、奖励等特征对人们参与涉及被动数据采集的调查研究的意愿。情景实验具有成本低、可行性高的优势。在 Keusch 等（2019）的实验研究中，总共包含了 288 个研究情景。如果不采用情景实验而是采用传统田野实验的方法，则需要大量的样本和多次实验才能实现研究目的。情景实验的缺点在于，这种方法测量的是在假设场景下人们自我报告的态度和行为，可能与真实情境下的实际情况有所差别。问卷设计研究中，很少采用情景实验的方法。如研究"不知道"选项对调查结果的影响，最直接的方法是采用田野实验的方法:在实际的问卷中包含两个实验组,一组选项不包含"不知道",另一组选项包含"不知道",然后比较两个实验组的调查结果;而不是用情景实验的方式询问受访者:如果有"不知道"这个选项你会如何选择?

无论是实验室实验还是田野实验,都可以分为被试间设计(between-subjects design)和被试内设计(within-subjects design,也称重复测量设计)两种具体类型。其中,前者是指把不同的被试分在不同的实验组,每个被试只在一个实验组接受一种刺激;后者是指同一个被试接受多个实验组的刺激。与被试内设计相比,被试间设计可以避免同一个被试接受多种实验刺激后对实验控制有效性的干扰。问卷设计研究大多采用被试间设计,即一个受访者只看到一个版本的问卷。如在上文提到的关于"不知道"选项的研究中,为了检验选项中加入"不知道"对调查结果的影响,可以采用被试间设计,让受访者随机看到一个版本的问卷。如图 3-2 所示,这个实验可能包含多个问题,但是所有问题所包含的实验刺激相同,即都有"不知道"或者都没有"不知道"这个选项。如果采用被试内设计,则一个受访者需要回答包含"不知道"选项和不包含"不知道"选项两个版本的问卷。为了避免题目内容对实验结果的影响,理想情况下的被试内设计需要一个被试回答同一个问题两遍,一次包含"不知道"选项,另一次不包含"不知道"选项。在同一个问卷中回答相同的问题两遍显然会对测量结果造成干扰。对此,可在不同的时间点(如间隔一个月),让同一个受访者回答两个不同版本的问卷。但是这种对同一人群的多次数据搜集相比一次性的调查在执行上更加困难,完成第一次调查的受访者中只有一部分会参加第二次调查,两次都参加的受访者比例通常不高。

在研究问卷设计的实验中,大都采用非概率样本,但也有一部分研究会嵌入现有的概率抽样调查。在非概率样本中,网络便利样本库的样本具有成本较低的优点,与大学生样本相比在社会人口学特征上更加多样,被很多研究用来进行问卷设计方面的实验。本书第一章中提到,目前对调查数据质量的研究发现,受访者的教育程度可能会影响其回复过程和回复策略。问卷设计实验虽然一般不要求样本能够代表目标人群,但是

实验组1：提供"不知道"选项	实验组2：不提供"不知道"选项
1. 在最近一个月，我对生活中重要的事情感到无法控制 从不 偶尔 一般 经常 总是 不知道	1. 在最近一个月，我对生活中重要的事情感到无法控制 从不 偶尔 一般 经常 总是
2. 在最近一个月来，我有信心自己能够处理好自由的问题 从不 偶尔 一般 经常 总是 不知道	2. 在最近一个月来，我有信心自己能够处理好自由的问题 从不 偶尔 一般 经常 总是
3. 在最近一个月，我感到顺心如意 从不 偶尔 一般 经常 总是 不知道	3. 在最近一个月，我感到顺心如意 从不 偶尔 一般 经常 总是

图 3-2　被试间设计的示意

样本在受教育程度上的多样性可以帮助研究者更好地观察不同的设计对不同人群的影响,有利于增强研究结论的一般性。就样本量而言,与心理学实验相比,调查方法学实验的样本量普遍更大,一般每个实验组的样本量在几百到上千之间。预期实验组间的差异,构成了影响样本量的一个重要因素。以往相关研究的结果以及这些研究中使用的样本量,可以为一个新研究样本量的设定提供一些参考和依据。

第三节　系统综述

对于相同的问题,不同的实证研究可能得出有所差异的结论。一个研究领域积累起一定数量的实证研究之后,对以往研究进行系统梳理并在此基础上得出总结性结论,对评价和掌握当前研究的基本状况具有重要的意义。与传统叙述性的文献综述(narrative review)相比,系统综述(systematic review)在筛选文献上使用的标准更加客观和透明,包含的文献更加全面。系统综述在分析文献时一般采用元分析(meta-analysis)统计方法,在考虑不同研究的多种设计特征基础上,对整体的效应量(effect size)进行定量的估计(Borenstein et al. ,2021)。在证据等级的金字塔中(evidence pyramid),来自系统综述和元分析的证据位于证据等级的顶端层次(Murad et al. ,2016)。

在健康和心理学领域,系统综述有着比较多的应用。相对而言,调查方法是一个新兴的研究领域,发表文献的体量不大,系统综述研究的数量相应较少。Čehovin 等(2018)对调查方法领域的系统综述进行了梳理,找到了 54 篇关于调查方法的系统综述,发现这些系统综述主要集中在与测量误差和无回复误差相关的研究问题上,对于其他调查误差类型的研究较少。Čehovin 等(2018)将不少系统综述归为与问卷设计相关的内容,发现这些系统综述主要聚焦在题目内容本身,如题目的敏感性和凸显性(salience)对测量误差或无回复的影响,以及关于相同主题的不同调查的调查结果是否相同。聚焦在题目内容以外的问卷设计技术的系统综述研究非常有限,且主要局限于问卷长度对调查结果的影响(Rolstad et al. , 2011)。

总体而言,目前关于问卷设计的系统综述研究非常有限,相关的研究结果主要存在于零散的独立研究中。与此同时,也存在一些例外。如进度条(progress indicator)在网络调查中经常被使用,但在以往的研究中关于其效果的结论并不一致。Villar 等(2013)使用系统综述的方法,分析了网络调查中进度条对填答中断(drop-off)的影响。如图 3-3 所示,她们分析了 32 个关于进度条的随机分组实验,发现进度条的效果与进度条的类型有关:匀速的进度条,即展示的进度是已经完成题目或页数占总题目或总页数的比例,对填答中断没有影响;先快后慢的进度条,即前几页前进较快然后逐渐变慢,会减少填答中断可能。先慢后快的进度条,即在前几页前进较慢然后逐渐变快,会增加填答中断可能。她们的系统综述研究还发现,当调查提供奖励时,即完成调查后可以获得积分或者参与抽奖的机会,匀速进度条反而会导致更多的中断。

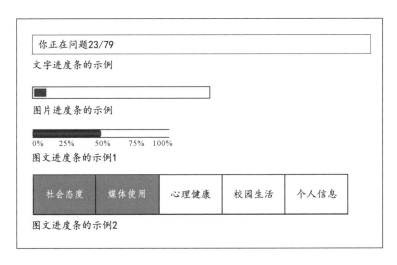

图 3-3　各类进度条示意

在系统综述中,元分析是主要采用的分析方法。与此同时,元分析可应用于整合分析一个研究内部包含的多个实验。如本书第一章第三节所述,Tourangeau 等(2013)使用六个实验检验了"上面意味着好"的解释性启发式。他们利用元分析的方法综合分析了六个实验的数据,发现与屏幕下方的题项相比,受访者给屏幕上方题项的评分略高(0.10—0.15 个标准差)。在不同的实验中,上述效果呈现出基本一致的特征。

第四节　眼动技术

在过去 20 年间,使用眼动技术(eye tracking technology)的科学研究数量呈指数增长的态势。Carter 等(2020)、Holmqvist 等(2011)等文献已经对眼动技术的使用进行了全面和系统的介绍。本节的目的是对眼动技术的原理和方法进行简要说明,并重点介绍目前调查方法学领域是如何运用眼动技术研究问卷设计的。

在目前常用的眼动技术中,基本原理是使用红外线设备照射眼睛,用摄像机跟踪和捕捉从眼睛上反射的红外线光,对捕捉到的数据进行过滤和计算以判断眼睛所看的位置(赵新灿等,2006)。眼动技术的主要价值在于,基于眼睛移动与神经系统以及认知活动之间的紧密联系,为研究者窥探人们内在的认知活动提供一个窗口。眼动技术研究通常基于"眼跟着脑动,脑跟着眼动"的假设,其优势在于可以提供眼睛移动的动态数据,进而帮助研究者更好地理解认知活动的过程情况。与此同时,眼动数据也可以与网络调查研究中受访者在网络调查页面上的鼠标点击数据等其他行为数据相结合,给研究受访者的行为决策提供更多的过程信息。相比于自我报告的数据,眼动数据可以避免回忆带来的误差。研究表明,人们通常不能准确回忆自己看了哪里(Clarke et al.,2017)。此外,眼动数据还能反映出无意识的眼睛移动,这是基于自我报告无法得到的信息。

在眼动技术研究中,最基本的分析单位是注视(fixation)和眼跳(saccade)。简单来说,注视是指眼睛聚焦在一个对象上;眼跳是眼睛在不同注视点间移动,在眼跳过程中视觉信息的摄入较少(Rayner,2009)。在实际的研究过程中,研究者比较关心被试对某些特定刺激或区域的关注情况。在很多眼动技术研究中,研究者会预先设定一个或多个兴趣区(area of interest)。大多数的眼动分析软件可以基于这些事先设定的兴趣区,在数据搜集结束后自动生成一些基本分析结果,如第一次在兴趣区内注视的发生时间,这个区域内总共的注视次数、注视时长等。

总体而言,调查方法领域运用眼动技术的研究数量不多,主要集中在与问卷设计相关的领域。这些研究一般是在已有研究的基础上,利用眼动数据提供更多的关于受访者答题认知过程的信息。下面通过一个案例来说明眼动数据在问卷设计研究中的作用。矩阵问题是问卷中一种常见的问题格式,即把一系列内容相关并且选项相同的问题组合在一起。在矩阵问题中,矩阵行对应的是不同的题项,列对应的是不同的选项(如从"非常不同意"到"非常同意")。对于这一类内容相近、选项一样的问题,与逐项提问相比,矩阵格式的提问不需要重复题干和选项。从设计角度来说,矩阵问题是一种更加简洁的呈现方式。然而,研究者对矩阵问题的回复质量一直存在担忧。矩阵的无差异回复,即对于矩阵中的不同题项受访者倾向于给出一样的回答(详见本书第二章第二节),被认为是回复质量不高的指标。一系列研究通过实验的方法,比较了矩阵问题和逐项提问两种问题格式对受访者的影响。这些研究普遍发现,与逐项提问相比,矩阵形式显著缩短了答题的时长。此外,学者还普遍预期矩阵问题相比逐项提问可能会增加无差异回复和题项间的相关性,但这方面研究的结果没有那么一致。关于不同题目形式下受访者的答题过程究竟是怎样的,在当前研究中仍然存在很多未知空间。

　　在上述研究背景下,Neuert 等(2023)将眼动技术与实验方法相结合,比较了三种不同呈现方式对受访者回复的影响。这三种不同呈现方式分别为:大矩阵、小矩阵(两个)、逐项提问。在眼动研究中,研究人员通常把问卷的页面分为题干、题项、选项、作答区等多个不同的兴趣区域(如图 3-4 所示),用于分析受访者对问题不同组成部分的关注程度。他们发现受访者在不同实验组中的答题时长,主要与题干和选项有关。相比于大矩阵,在小矩阵和逐项提问格式中,受访者在题干和选项上花费的时间更长。除了时长上的区别,没有发现受访者在三种问题格式下回答问题的认知过程存在本质上的区别。与此同时,他们发现在矩阵题中,受访者在回答问题时通常会参考邻近的题项。该研究的意义在于,以往的研究认为,相比于逐项提问格式,受访者在矩阵题上的回复时长更短,但这并不一定意味着受访者在回答矩阵题时不认真。Neuert 等(2023)通过基于眼动数据的研究发现,矩阵题答题时长相对较短主要是因为受访者花在阅读题干和选项上的时间减少了,而不是受访者认真程度的降低。但需要注意的是,这个研究是在实验室中完成的。如本书第三章第二节中所述,与匿名的网络调查相比,实验室研究提供的奖励通常更多,受访者

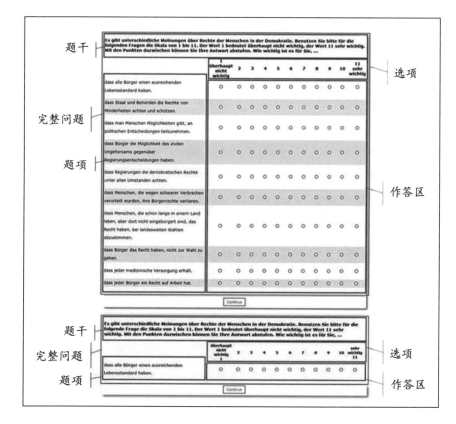

图 3-4　眼动实验中问卷设计的不同区域

能更明确地意识到自己的答题行为对数据质量负有责任,从而更加认真地填写问卷。因此,这个研究结果在多大程度上适用于一般调查情境仍然有待进一步检验。

第四章　问卷设计的实证研究与发现

对于调查设计来说,编写问卷是非常重要的一步。商业调查问卷平台往往会给用户提供一些编写问卷的建议,如问题的表述要尽可能地清晰、简洁、没有歧义,避免使用不常见的词汇和术语,避免双重提问,注意问卷的长度,尽量使用选择题而不是开放性问题,等等。实际上,问卷设计对调查结果可能产生的影响,远不是这些简单的原则能概括的。据此,本章将围绕问卷设计过程中研究者时常面临的一些重要设计决策,在调查方法学实证研究的基础上进行深入分析和讨论。

第一节　问题措辞

(一)问题措辞对调查结果的影响

一道问题的具体措辞,尤其是问题中的一些核心词汇,对受访者理解题目有着非常重要的意义。一些看似意思相近的不同表述,可能对调查结果产生很大的影响。如皮尤研究中心 2005 年的一次调查显示,51% 的受访者表示赞成"让医生合法地为临终病人提供结束生命的方法"。但将表述更改为"让医生合法地协助临终病人自杀",表示赞成的受访者比例降到44%(Pew Research Center,2005)。

对问题措辞增加限定条件,也可能会对调查结果产生影响。如在测量家庭理想孩子数量时,国内几个大型调查的措辞略有不同。其中,2018年中国综合社会调查(CGSS2018)问卷的具体表述为:"如果没有政策限制的话,您希望有几个孩子?"2016年中国劳动力动态调查(CLDS2016)问卷的具体表述为:"如果不考虑计划生育政策和经济、健康等条件,你认为一个家庭通常有几个孩子最理想?"2021年中国社会状况综合调查(CSS2021)问卷在相关的问题上没有提到限制条件,直接提问受访者的理想孩子数量。为了研究这种不同限定条件对调查结果的影响,笔者在一个网络调查中做了一个"2(自己的理想孩子数量 vs 一个家庭的理想孩子数量)× 3(三种不同的限定条件)"的实验,比较了测量理想孩子数量的六种问法。表4-1给出了不同实验组中相关问题的具体措辞,选项均为"0""1""2""3及以上"。研究发现,相对于一个家庭的理想孩子数量,受访者认为自己的理想孩子数量显著更低,表现为选择"0"的比例显著升高。在问题前加上"如果不考虑计划生育政策和经济、健康等条件"后,受访者选择"0"的比例显著降低。上述结果表明,在问题中明确指出不考虑种种限制因素时,受访者报告的理想孩子数量更多。

表 4-1　不同实验组的问题措辞

实验组别	问题措辞
实验组 A	如果不考虑计划生育政策,你认为一个家庭通常有几个孩子比较理想?
实验组 B	如果不考虑计划生育政策和经济、健康等条件,你认为一个家庭通常有几个孩子比较理想?
实验组 C	你认为一个家庭通常有几个孩子比较理想?
实验组 D	如果不考虑计划生育政策,你认为自己有几个孩子比较理想?
实验组 E	如果不考虑计划生育政策和经济、健康等条件,你认为自己有几个孩子比较理想?
实验组 F	你认为自己有几个孩子比较理想?

一些研究还发现,措辞对调查结果的影响可能在不同受访者中存在差异,其中比较著名的例子来自对气候变化的调查。Villar 等(2011)发现,相比于"全球变暖",共和党受访者认为"气候变化"这个现象更加严重,民主党受访者则持相反看法。Schuldt 等(2015)的实验发现,相比于"气候变化",使用"全球变暖"这一表述时,共和党受访者中认为这个现象正在发生的比例从 59% 降至 46%。与此同时,两种问题措辞对民主党受访者的影响要小得多且不显著,所占比例都接近 80% 的水平。此外,相对于意思相近的其他表述,使用敏感词汇可能会对调查结果产生较大影响。Li 等(2022)在测量人们对特朗普政府对外贸易争端的态度时,通过实验比较了两种关于贸易战的措辞,分别是"特朗普的贸易战"和"贸易战"。研究发现相比于"贸易战",受访者支持"特朗普的贸易战"的比例显著降低。值得关注的是,这个变化只出现在对关税和国际贸易问题不了解的受访者中间。

在评估趋势变化时,尤其要注意不同时期的问卷问题措辞变化可能对趋势判断产生的干扰。如 Zhang 等(2022)通过分析 22 项全国性大型社会调查,评估了中国不信教的人群比例在过去 30 年的变化趋势,如图 4-1 所示。研究发现,不同调查对不信教人群比例的统计结果具有很大的波动性,主要原因在于,不同年份调查的问题措辞出现了变化。如 2014 年中国家庭追踪调查发现,17% 的受访者信佛或菩萨;而在 2012 年和 2016 年的中国家庭追踪调查中,分别只有 7% 和 10% 的受访者表示信佛教。在考虑到不同调查包含措辞变化在内的多种问卷设计方面的差异后,研究认为,自 2005 年以来,中国民众不信教的比例基本保持不变。

(二)外文量表的翻译

社会科学领域研究者在编写问卷时,通常会优先使用以往研究中普遍使用的量表对特定概念进行测量。通常而言,这种做法的优势至少有两点。第一,对测量效果有一定保证。对于常见概念的测量,大多数情况

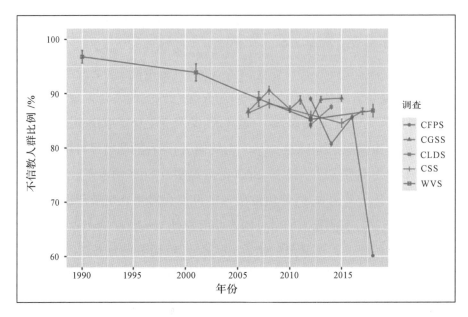

图 4-1 1990—2018 年中国大型调查项目估计的不信教人群比例

注：CFPS 为中国家庭追踪调查，CGSS 为中国综合社会调查，CLDS 为中国劳动力动态调查，CSS 为中国社会状况综合调查；WVS 为世界价值观调查。

资料来源：Zhang 等（2022）。

下以往研究已经对一些量表的信度和效度进行过检验，采用这些成熟的量表在一定程度上可以保证测量效果。第二，使用同一个量表方便不同研究之间进行比较。如果不同研究对同一概念的测量方法不一样，那么当研究结果存在差异时，研究者无法判断这是不同测量方法产生的差异，还是其他更加本质的原因导致的差异。

在这些已经建立起来的量表中，有相当一部分的原文是英文，需要进行翻译之后才能在中文语境下加以使用。在跨文化研究中，反向翻译（back-translation）是翻译问卷问题的一个重要方法（Brislin，1970）。这个方法的实践操作，需要至少两个同时掌握源语言和目标语言的翻译者。翻译者 1 将源语言问卷 1 翻译成目标语言得到目标语言问卷 2，翻译者 2 在不知道源语言原文的情况下再将翻译者 1 翻译得到的问卷 2 翻译回源语言得到源语言问卷 3。研究者通过比较源语言下的两个问卷版本（问

卷 1 和问卷 3)以此判断翻译者 1 的目标语言翻译得是否准确。Brislin
(1970)指出,反向翻译可能得到一种"表面"的等同而不是实质的等同。
其中的一种情况是,在从源语言翻译为目标语言时,翻译者可能保留了源
语言的一些语法结构。这使得从目标语言再翻译回源语言时,可以比较
容易地复原源语言初始的表述。与此同时,保持源语言的语法结构,对目
标语言的受众可能是没有意义的。一个比较典型的例子是英文中的虚拟
语气。即便在中文的翻译中保留英文原文虚拟语气的句式结构,对大多
数中文读者来说,翻译后的中文仍然不能传达与虚拟语气等同的意思(申
自力等,2008)。

　　尽管反向翻译并不能完全保证翻译之后的效果,但是它可以给研究
者的翻译工作提供一个重要的起点。在反向翻译的基础上,研究者可以
结合认知访谈等其他研究方法,进一步确认人们对翻译后问卷问题的理
解是否准确。

　　对于很多英文量表,国内学者已经将其翻译成中文,并且经过检验确
认了较高的信度和效度。在这种情况下,研究者通常会倾向于直接采用
中文文献里的译本。但需要注意的是,量表信度和效度的指标反映的通
常是量表内部的结构,以及量表与其他外部变量是否具有预期的关系(详
见第二章的第四节和第五节)。信效度指标本身并不能直接在意思表达、
测量效果等方面反映出译版量表与原版量表是否具有等同性。此外,一
个量表通常是由多个题项组成的,即便一个题项的翻译存在较大的问题,
对量表整体表现的影响可能并不大。在量表题项比较多的时候,上述特
征表现得尤为明显。这种情况的出现,使得个别题项的翻译问题不容易
通过量表整体的信效度指标反映出来。

　　下面以心理学界经典的罗森博格自尊量表(Rosenberg Self-Esteem
Scale,RSES)为例,分析研究者在翻译英文量表时可能出现的问题。自
尊是心理学中的一个重要概念,目前测量自尊使用最广泛的是由莫里斯
·罗森博格(Morris Rosenberg)创建的由 10 个题项组成的关于自尊的
单维度量表。这个量表最初旨在测量青少年的自尊,后拓展至成年人。

量表包含 5 个正向表述的题项和 5 个负向表述的题项,每个题项包含 4 个选项,分别为"非常不同意""不同意""同意""非常同意"(Rosenberg,1965)。目前,RSES 量表已经被翻译成包括中文在内多个语言版本。

在对中文版 RSES 的研究中,人们比较关注的是对第 8 题("I wish I could have more respect for myself")的翻译。这道题在英文版 RSES 中属于负向表述的题项,即对这道题作肯定回答,比如"非常同意",对应的是更低的自尊水平。然而译成中文后,"我希望我能为自己赢得更多尊重"等表述,使得这个题项在中文版 RSES 中变成了一个正向表述的题项,即受访者关于这道题的回答,与其在量表中其他正向表述题项中的回答呈正相关关系。基于上述研究发现,一些研究者建议将中文版 RSES 的第 8 题改为正向记分,或是将这一题直接删除。

申自力等(2008)通过实验的方法,比较了 RSES 第 8 题的三种不同翻译方式:正向的表述,即"我希望我能为自己赢得更多尊重";保留虚拟语气的表述,即"我能拥有再多一点自尊就好了";把虚拟语气转换为明确负向的表述,即"我觉得我将来难以获得更多的尊重"。研究发现,相比虚拟语气和正向表述,明确的负向表述会使得量表的内部一致性信度更高、区分度更好。因此在申自力等(2008)的研究中,建议使用负向表述。然而该研究中的负向表述翻译也存在一些问题。如果把"我觉得我将来难以获得更多的尊重"使用反向翻译法翻译回英文,则变成了"I think it will be difficult for me to gain more respect in the future",与英文原文"I wish I could have more respect for myself"的意思也存在比较大的差距。"I wish"后加过去式表达的是与当前事实相反的愿望,而"我觉得我将来难以获得更多的尊重"表达的是对未来状态的否定。此外,该研究对虚拟语气的直接翻译使用了"自尊"这个词,而英文的原文表述用的是"respect"而不是"self-esteem"。与此同时,"自尊"在中文语境中具有多重含义,可能导致不同的受访者对"自尊"产生不同的理解。

为了进一步探索 RSES 第 8 题的翻译问题,我们在一个以大学生为样本的网络调查中,采用实验的方法比较了不同翻译对调查结果的影响。

除传统的信效度指标,我们还关注不同翻译如何影响受访者回复行为,以及他们对问题的理解。与申自力等(2008)的研究类似,我们比较了正向、虚拟语气和负向三种表述方式。但不同的是,我们的研究对虚拟语气和负向表述两种表述方式中使用的措辞进行了改进。最终实验比较的三个版本的翻译分别为"我希望我能为自己赢得更多尊重""我能对自己多一点尊重就好了""我觉得我现在没有足够地尊重自己"。使用克隆巴赫系数,以及自尊水平与幸福感和对未来信心等其他外部变量的关系,对量表整体翻译效果进行评估。研究结果发现,对于量表整体信效度的指标,不同版本的翻译差异不大。但是虚拟语气版本的量表信效度要略低于其他两个版本。以克隆巴赫系数为例,正向、虚拟和负向三个版本的量表 α 值分别约为 0.91、0.89、0.91。当聚焦在第 8 题与量表其他 9 个题项之间的相关性(对负向表述和虚拟语气进行反向记分)上时,研究发现,正向表述的第 8 题与其他 9 个题项的相关系数最大(约为 0.43),负向表述的第 8 题与其他 9 个题项的相关系数略低(0.37),虚拟语气的第 8 题与其他 9 个题项的相关系数接近为 0(约为 0.09)。

为了研究在不同译本量表下受访者的具体表现,我们分析了第 8 题与第 7 题的相关性。第 7 题是一个正向表述,"总的来说,我对自己是满意的"。研究发现,当第 8 题也为正向表述时,两个题项的相关系数最高,约为 0.6。在填写速度较快的受访者中,这一特征表现得尤为明显。在回答速度最快的前 25% 受访者中,相关系数接近 0.90。上述结果表明,在第 8 题为正向表述的情况下,一些答题较快的受访者会在第 8 题给出和第 7 题一样的回答。这种无差异回复的特征,会导致一些信效度指标的虚高。当第 8 题为负向表述时,两个题项的相关系数略低,并且对答题较快和较慢的受访者而言,这两个题项的相关系数差异不大。这说明在第 7 题的正向表述后,填答快和填答慢的受访者都注意到了第 8 题的负向表述。这意味着对答题速度比较快的受访者而言,负向表述的第 8 题在一定程度上起到了"减速"的作用(Weijters et al.,2012;Józsa et al.,2017)。当第 8 题的翻译保留虚拟语气的表述时,两个题项间的相关性接近为 0。但是对填答速度较慢的受访者而言,两个题项间的相关程度略高。这表明当人们花更多的时间回答问题时,他们有可能会感受到一些虚拟语气试图表达的含义。但是与英文虚拟语气相比,即使中文翻译保留了英文虚拟语气的语法句式,中文语境下人们对虚拟语气的理解远没有在英语语境下那么直接。

上述关于 RSES 的研究说明,传统的信效度指标不能有效反映量表中个别题项的翻译问题,并且一些回复行为可能导致信效度指标的虚高。反向翻译是一种常用的翻译问卷的方法,在大多数情况下可以确保源语言和目标语言的等同性。但是语言的使用与语言本身及其所处的社会文化环境有关,如对于英文量表中使用虚拟语气的题项,在中文翻译中保留虚拟语气的句式能达到反向翻译的要求。但是在不同语言环境下,虚拟语气实际传达的意思具有较大的差异。因此,在反向翻译的基础上,对受访者如何理解翻译后的问卷问题做进一步测试是非常必要的。整体而言,即便是已被广泛应用的量表,研究者仍然需要保持谨慎采纳的态度,追溯外文量表的原文并对中文翻译进行对照和检查。

第二节　选项效应

(一)选项频率

根据内容的不同,问卷问题可以分为态度问题和行为问题两种类型。对于行为的测量,频率通常是研究者关心的一个方面,在调查问卷的设计中十分常见。如在 2015 年中国综合社会调查(CGSS2015)的家户问卷中,有一系列关于参与各种休闲娱乐活动的频率问题,其中包括看电影、锻炼身体、与朋友聚会等内容。一般而言,关于行为频率问题的选项有两种。一种是模糊量词(vague quantifier),比较常见的关于频率的模糊量词有"从不""有时""经常""总是"等。使用模糊量词作为选项的一个优势在于它的通用性,可以用于对不同行为的测量。如上面提到的看电影、锻炼身体等活动,都可以用"从不""有时""经常""总是"来测量。然而,不同受访者对模糊量词的理解是有区别的。如关于"经常"具体指多频繁,不同受访者往往有着不同的答案。Cummins 等(2000)比较了四个研究中受访者对频率问题中的模糊量词的理解,发现人们对不同模糊量词对应的具体频率(如"总是"代表 100%,"从不"代表 0%)存在不同程度的理解差异,其中对"偶尔"和"经常"的理解差异最大。此外,在不同研究设计中,"有时""偶尔"等模糊量词的排列顺序也不一致,表明研究者内部对模糊量词的理解也存在差异。

如果受访者对模糊量词理解的差异是完全随机的,统计结果的方差可能会增大。受访者对模糊量词的理解不同,可能导致调查结果出现额外的不确定性。如果受访者对模糊量词的理解与受访者的某些特征有关,而这些特征又是统计分析的重要维度,那么统计结果还可能发生系统性偏差。如用模糊量词作为选项测量上网的频率时,年轻受访者一般认为"总是"的意思是一天基本都在上网,而年纪较大的受访者一般认为每天上网就是"总是",那么调查结果得出的不同年龄人群上网频率的差异可能低于真实的差异。

在关于行为频率的问题中,另一种常见选项是具体的频次。如在CGSS2015 的家户问卷中,对于"出去看电影"的频次测量,使用的选项是"每天""一周数次""一月数次""一年数次或更少""从不"。一般来说,这一类选项包含 5—7 个频次,具体频次与目标行为的频繁程度有关。如在测量外出旅行的频率时,最频繁的选项可能是"一个月数次及以上",而不太可能是"每天",因为选择"每天"的受访者比例会非常低。

　　与使用模糊量词相比,使用具体的频次来测量行为的频率可以避免不同受访者对选项理解出现不一致。然而,研究者在使用具体的频次作为选项时,需要考虑每个选项的具体频率应该如何设计,如关于点外卖的频率,最频繁的选项应该是"每天一次及以上"还是"一周数次及以上"。根据本书第一章介绍的回复过程的四步骤模型,受访者在回答问题时一般会经历理解题意、搜索记忆、形成判断、做出选择这四个阶段。对于点外卖的频率,受访者在前三个阶段之后,可能已经得出了自己点外卖的频率,如一周三到四次。在这种情况下,选项的设计,无论最高频率是"每天一次及以上"还是"一周数次及以上",对调查结果没有本质上的影响。

　　然而,研究表明,选项不仅是受访者答题的工具,也可以对调查结果产生显著的影响。在相关的结果中,最著名的是 Schwarz 等(1985)对看电视行为的研究。在一个关于每天看电视时长的问题中,受访者被随机分为两组。一组受访者看到的是低频选项,分别为"0.5 小时以下""0.5—1 小时""1—1.5 小时""1.5—2 小时""2—2.5 小时"和"2.5 小时以上";另一组看到的选项也是以半小时为间隔,但是整体的频次更高,分别为"2.5 小时以下""2.5—3 小时""3—3.5 小时""3.5—4 小时""4—4.5小时"和"4.5 小时以上"。如表 4-2 所示,高频选项组每天看电视在 2.5小时以上的受访者比例(37.5%)约为低频率选项组(16.2%)的 2 倍,并且这个差异在统计上是显著的。上述研究结果表明,有些时候受访者在面对一个问题时并没有一个清晰的答案,而是需要猜测和估计。在这种情况下,受访者可能认为选项的频次反映了答案分布的大致趋势。特别是在"中间意味着典型"的启发式影响下,受访者可能会认为中间的选项意味着大多数人的选择,并以此为依据进行选择,如认为自己与一般人相比看电视的时长更长,就选择相对更高频的选项。因此,当选项频次整体发生变化时,最终调查的结果也可能发生变化。

表 4-2　选项设置对受访者报告看电视时长的影响

低频组			高频组		
时长/小时	人数/人	占比/%	时长/小时	人数/人	占比/%
<0.5	5	7.4	<2.5	40	62.5
0.5—1	12	17.7	2.5—3	15	23.4
1—1.5	18	26.5	3—3.5	5	7.8
1.5—2	10	14.7	3.5—4	3	4.7
2—2.5	12	17.7	4—4.5	1	1.6
>2.5	11	16.2	>4.5	0	0

资料来源：Schwarz 等（1985）。

　　由此可见，选项频次影响调查结果的一个重要前提条件是，受访者对这个问题没有精确的答案而需要猜测或者估计。在调查中，这种现象是比较常见的。如在关于网络使用的研究中，一个重要的行为指标是上网时长。《中国互联网络发展状况统计报告》会定期公布中国网民一周平均上网时长的调查数据。由于存在碎片化、多设备、多任务等上网行为模式，人们很难准确地知道自己上网的时长，需要依靠猜测和估计才能得出答案。在这种情况下，选项的频次可能会为受访者的猜测和估计提供信息。因此，研究者在设计选项频次时，需要考虑到选项可能产生的影响。

（二）中间选项

　　按照两个端点的含义，可以将测量态度的选项分为双极（bipolar）选项和单极（unipolar）选项。双极选项的两端代表相反的含义，如从"非常不同意"到"非常同意"，或从"非常不符合"到"非常符合"。单极选项的两端分别代表程度的最小值和最大值，如从"一点也不紧张"到"非常紧张"，或从"一点也不知道"到"知道的非常多"。在一些情况下，双极选项和单极选项可能同时适用，如在对满意度的测量中，可以使用双极选项，如"非常不满意"到"非常满意"；也可以使用单极选项，如"一点也不满意"到"非常满意"。

对单极选项和双极选项而言,中间选项具有不同的意义。对单极选项而言,虽然态度的中间点理论上存在,但可能不具有明确的概念上的意义(Krosnick et al.,1997)。如从"一点也不紧张"到"非常紧张"之间的中间点是怎样的紧张程度,人们可能并没有清晰或者一致的标准。相比之下,双极选项中间项的意义更加丰富。人们对双极选项中间项的解读包括:确实持有一个中立的状态;存在矛盾难以判定倾向;不知道,不了解,没有形成明确的态度;不关心或者无所谓(Baka et al.,2012)。对于一个态度问题,受访者选择中间选项的真实原因,可能与具体的研究设计有关,包括态度问题的内容、受访者特征、调查模式等影响因素。Sturgis 等(2014)在发现受访者选择中间选项后,进一步追问其选择的原因是没有态度还是持中立态度。他们发现,绝大多数选择中间选项的受访者是因为对当前问题没有态度。对于这种情形下选择中间选项的行为,研究者将其称为"保全面子的不知道"。这个研究同时发现,如果把类似的中间选项算作"不知道",将会对描述性分析和统计推断结果产生显著的影响。

尽管态度问题的中间选项对受访者是具有意义的,在态度问题中不提供中间选项在调查设计中也并不少见。如皮尤研究中心在测试人们对不同国家的态度时,使用的选项为"非常喜欢""比较喜欢""比较不喜欢"和"非常不喜欢",没有提供中间选项(Pew Research Center,2023)。研究者担心提供中间选项可能会引发更多的"满意"回复行为,即在回答调查问题时没有为提供准确回答付出足够的努力,而是给出一个让人满意或看起来合适的回答(Krosnick,1991)。在不提供中间选项的情况下,一些受访者通过认真思考,可能会判断自己具有一定倾向(如"比较喜欢")。但如果态度问题存在"说不上喜欢不喜欢"等中间选项,研究者担心受访者会不经过太多思考就选择中间选项。

对于提供中间选项和"满意"策略的使用,直接验证两者之间的关系并不容易。为了回答这一问题,研究者试图寻求一些间接的证据。根据"满意"理论,使用"满意"策略的倾向与认真答题的动机和能力成反比。

如果中间选项会诱发更多的"满意"行为,那么这种影响在受教育程度较低的受访者中应该更加明显。然而以往的一些研究发现,中间选项的影响与受教育程度无关(Kalton et al.,1980),或在受教育程度较高的人群中更加明显(Krosnick et al.,1996;Narayan et al.,1996)。总体来说,目前的证据无法证明提供中间选项会使"满意"行为增加。

关于是否提供中间选项以及如何提供中间选项,是主动提供还是在受访者提出后再提供,学术界的讨论持续了几十年。相关的早期研究,详见 Presser 等(1980)、Garland(1991)的讨论。关于这一问题,目前尚未形成一致的结论(Wang et al.,2020)。不同研究在同一问题的选项上可能包含中间选项,也可能不包含中间选项,同一追踪调查项目不同年份的问卷也可能出现对中间选项的设计不一致的情况。那么提供中间选项对调查的结果会产生怎样的影响呢?首先,比较一致的结论是,尽管受访者不会主动提出需要中间选项,但研究发现提供中间选项后,会有相当比例的受访者选择中间选项(Presser et al.,1980;O'Muircheartaigh et al.,2000)。对于提供中间选项对调查结果分布的影响,研究结果并没有那么一致。Presser 等(1980)研究发现,提供中间选项对调查结果的分布没有显著的影响。另一些研究发现,当不提供中间选项时,选择负面态度的比例会增加得更多(O'Muircheartaigh et al.,2000;Weijters et al.,2010)。研究者认为其中潜在的原因是,如果选择中间选项的受访者是因为态度的矛盾,在没有中间选项情况下他们不得不进行选择,使得他们对这个任务本身产生负面的情绪,进而可能使得负面的想法相对更加凸显(Weijters et al.,2010)。与此同时,研究还关注了提供中间选项是否会改变选择极端选项的相对比例。如果人们选择中间选项的原因之一是态度倾向程度较弱,那么不提供中间选项会减少极端选项(如"非常同意")相对于非极端选项(如"比较同意")的比例。然而当前的研究发现,提供中间选项对极端选项的相对占比没有影响(O'Muircheartaigh et al.,2000),甚至呈现出反向的影响(Weijters et al.,2010)。

总体来说,是否提供中间选项对调查结果分布的影响,取决于受访者选择中间选项的原因。对于一个调查问题,受访者选择中间选项的原因是多种多样的。在不同原因的影响下,本来选择中间选项的受访者,在没有中间选项时的选择结果可能具有差异。以往关于中间选项如何影响调查结果分布的研究,往往聚焦于其中一种原因。这可能是为什么有些时候假设没有被验证,或者证据与假设相反,以及不同研究结果不一致的原因所在。

(三)量表的选项数量

在测量主观态度时,研究者需要考虑选项的数量问题。目前研究中最常见的是 5 个选项和 7 个选项的量表,但是更多选项数量的量表(比如9 个、11 个乃至 101 个选项)在调查设计中也并不罕见。以测量幸福感为例,在我国的大型社会调查项目中,虽然题目的措辞基本相同,但提供的选项数量存在差异。如表 4-3 所示,对主观幸福感的测量,不同调查使用的选项数量包括 4 点、5 点、6 点、7 点、11 点。对选项数量的讨论主要集中在最优的选项个数,用于评价最优的标准通常包括信度、效度、灵敏度、回复时长、受访者偏好等(Cox III,1980;Finstad,2010)。

表 4-3 不同大型社会调查项目在测量幸福感时提供的选项

调查名称	选项个数	问题措辞	选项内容
CHIP2008	4	考虑到生活的各个方面,您是否觉得幸福?	很幸福/较幸福/不太幸福/不幸福
CFPS2010	5	您觉得自己有多幸福?("1"表示非常不幸福,"5"表示非常幸福)	非常不幸福 1—2—3—4—5 非常幸福
CGSS2021	7	总的来说,您觉得您的生活是否幸福?	完全幸福/非常幸福/比较幸福/说不上幸福不幸福/比较不幸福/非常不幸福/完全不幸福
CLDS2012	6	总的来说,您认为您的生活是否过得幸福?	很不幸福 1—2—3—4—5—6 非常幸福

调查名称	选项个数	问题措辞	选项内容
CFPS2020	11	若 0 分代表最低,10 分代表最高,您觉得自己有多幸福?	/

注:CHIP 代表中国家庭收入调查,CFPS 代表中国家庭追踪调查,CGSS 代表中国综合社会调查,CLDS 代表中国劳动力动态调查。

在调查设计中,5 点量表是最常见的一种。但也有不少研究者认为,5 个选项并不具有足够的灵敏度,难以准确反映研究群体中主观态度评价的差异。Finstad(2010)在一个面对面的产品可用性的测试问卷中,比较了从"非常不同意"到"非常同意"的 5 点李克特量表和 7 点李克特量表。研究结果表明,在使用 5 点量表时,有些受访者会主动给出选项之间的差值,如 3.5;而在 7 点量表中,没有发现这种情况。Finstad(2010)认为,如果使用电子问卷,受访者给出的这种差值回答无法被研究者捕捉到,可能导致信息的不准确。在对主观幸福感的研究中,Cummins 等(2000)认为 5 点量表和 7 点量表的测量都不够灵敏,提出应该使用 10 点量表进行主观幸福感的测量。其中的主要原因在于,人们对主观幸福感问题的回答分布是不对称的。如在包含"非常幸福""比较幸福""一般""比较不幸福""非常不幸福"5 个选项的 5 点量表中,选择"比较不幸福"和"非常不幸福"的比例通常比较低,选择"非常幸福"的比例也不高。因而虽然采用了 5 点量表,但绝大多数受访者都只在两三个选项中进行选择,不能灵敏地反映人群中主观幸福感的差异。

然而,选项数量的增加可能导致测量信度的降低。根据回复过程的四步骤模型,受访者回答问题的最后一步是基于自己的判断选择对应的选项。随着选项数量的增加,选择对应选项的难度也在增加。当这个难度达到一定程度之后,伴随着选项数量的进一步增加,受访者在选择过程中产生的误差也可能不断增大,使得量表的信度随之降低。如当题目只有三个选项,分别为"同意""说不上同意不同意""不同意"时,受访者只需要判断自己态度的方向。如果题目包括五个选项,分别为"非常同意""比较同意""说不上同意不同意""比较不同意""非常不同意"时,受访者除了要判断自己态度的方向,还要进一步判断自己态度的强烈程度。如果选项数量继续增加,那么受访者需要对自己态度的强烈程度做出更细致的判断。

早期关于选项数量与量表信度的研究发现,当选项数量比较少时,选项数量增加,量表信度也增加;但当选项数量增加到某个值时,信度不会继续增加。此外,还有研究发现,与传统的 5 点和 7 点量表相比,101 点量表的信度并没有非常明显的降低(Diefenbach et al.,1993;Preston et al.,2000)。这些研究在综合了信度、效度以及受访者对量表难易性的评价等其他指标后,推荐使用 7 点量表或比 7 个选项稍微多一点的量表(如9 点量表和 10 点量表)。与使用其他数量选项的量表相比,问卷中常见的 5 点量表并没有表现得更好(Diefenbach et al.,1993;Preston et al.,2000)。

需要注意的是,早期研究主要在实验室环境下完成。由于参与者主要为大学生,在填写问卷时表现得较为认真。如果同样的研究在网络调查等真实调查环境下进行,并且在没有研究者在场的情况下完成,当选项数量比较多的时候,受访者可能采取"满意"策略。在这种情况下,选项数量对信度和效度的影响,可能会与早期研究得出的结论不同。此外,这些研究使用的问卷一般都有特定的题目,比如 Diefenbach 等(1993)要求参与者评价不同事件的风险,Preston 等(2000)要求参与者评价商店或者餐厅的服务质量。

总的来说,以往的研究结果表明,伴随着选项数量的增加,量表的信度、效度、区分度和受访者填写问卷的难易程度都可能发生变化。在问卷设计中,研究者需要意识到选项数量可能对数据质量产生复杂影响。对于特定的问卷问题,在借鉴已有研究结果的基础上,需要考虑具体研究的情况进行综合判断,选取适当的选项数量,包括问题的内容是什么,人们对这个问题的了解程度如何,态度分布的大致特点是怎样的,调查参与者的特征是怎样的,认真完成问卷的动力如何,等等。

(四)选项的顺序

调查方法学的研究发现,选项的顺序可以影响调查的结果。选项的类型不同,产生顺序效应的原因也可能不同。一种类型的选项包含多个需要评价的对象,受访者需要根据问题的要求从中选出一个或多个对象,甚至是对这些对象进行排序。比如,盖洛普(Gallup)咨询公司就"当前国家面对的最重要的问题是什么"对美国民众进行了定期追踪。在这个问题的选项中,包括通货膨胀、经济问题、政府/领导力、移民问题、枪支管控、能源/油价、种族问题等内容(Saad,2023)。对于这样的题目,如果问题和选项是以视觉的方式呈现的,如纸质问卷、网络调查问卷等调查模式,受访者可能倾向于选择前面的选项;如果是以听觉的方式呈现的,如采用电话访问的调查模式,取决于具体的访问过程,受访者可能更加倾向于选择前面或者后面的选项(Krosnick,1991)。

另一种选项是量表,包括双极选项(如"非常不同意"到"非常同意")和单极选项(如"一点也不满意"到"非常满意")。研究发现选项排列的两种顺序,即降序(descending order)和升序(ascending order),对调查结果可能产生影响。特别是对"满意""同意"等正面的选项而言,以往的研究比较一致地发现,相比于升序排列,从最正面选项开始的降序排列,会增加受访者选择正面选项的比例(Chyung et al.,2018)。

(五)图片选项

在调查问卷中,单选题的选项一般是由一个选项按钮和文字标签组合而成的。如在"非常不同意"到"非常同意"的 5 点选项中,包含了 5 个选项按钮,各自分别对应着一个文字标签。除了这种最常见的按钮加文字标签的形式,研究者还探索性地在选项中加入图片元素,如笑脸、五角星、心形、大拇指等内容(见图 4-2),其中主要形式包括:用图片代替按钮和文字标签,保留按钮但是用图片代替文字标签,在选项按钮和文字标签的基础上额外添加图片等。

图 4-2　选项中加入图片元素的示意

　　这种在选项中加入图片的做法,主要出于以下两种动机。一方面,某些图片如不同表情的脸与满意程度,本身就能够很好地诠释选项的意思(Stange et al. ,2018)。这种情况下,图片可以替代文字标签,对文化程度不高的人群可能会有帮助。另一方面,选项中的图片可能提高受访者填写问卷的体验。如图片可能会让受访者觉得答题过程更加有意思,有利于提升受访者回答问卷的质量和意愿。让调查填写过程变得更加有趣以提升调查回复的质量,是调查游戏化设计最基本的理念。在选项中加入不同种类的图片元素,属于调查游戏化设计中游戏化程度较低的一种(Keusch et al. ,2017b)。除了上述潜在的优势,如果不同受访者对图片的理解不同,或是图片传达的信息与文字标签不一致,在选项中使用图片也可能对数据质量带来一些负向影响。此外,图片选项如果能提升受访者回复的质量,这种效果是否持久,还是只是短期的新奇效应(novelty effect),也在一定程度上具有不确定性。

　　对于在选项中加入图片元素的效果,已经有学者进行了评估。Stange 等(2018)在实验室环境中,使用眼动装置比较了两种选项设计对满意度问题的影响。其中,控制组提供的选项为按钮加文字标签,实验组提供的选项在按钮和文字标签的基础上增加了笑脸表情。研究发现,在选项中加入笑脸缩短了人们看题目以及选项文字标签的时长。而且对文化程度不高的受访者而言,在选项中加入表情能够缩短阅读选项文字标签的时长。研究者认为,这个实验表明,选项中的图片可以帮助低文化程度群体更快地处理题目信息。

　　Toepoel 等(2019)对受访者的填写体验进行了相应的研究。他们发现,受访者对逐项提问格式里加笑脸选项的评价最高,对矩阵形式与按钮选项这种组合的评价最低;如果只是比较图片按钮与传统的选项按钮,受访者的体验评价比较接近。Cernat 等(2019)在调查满意度问卷中发现,与传统的按钮相比,使用笑脸、心形、拇指、五角星等不同类型的图片替代选项按钮对受访者的填写体验的影响不大。但有一个例外,用笑脸替代按钮并且没有提供文字标签时,受访者认为回答的难度增大。这主要是因为,这个研究使用相同的笑脸图片替代选项按钮,并用从左至右递进增量的方法让受访者表达满意的程度,如在选择最右边/第五个笑脸时,会点亮所有五个笑脸,而不是常见的从不开心到开心的不同表情。在这种情况下,由于没有文字标签,受访者可能会觉得所有选项都是一样的而不知道如何选择。

　　对于数据质量的影响,已有研究主要关注图片选项对调查结果和回复质量指标两个方面的影响。Stange 等(2018)发现,尽管在选项中提供图片会影响受访者对题目中文字的关注程度,但是对调查结果即问题答案的分布却没有显著的影响。Toepoel 等(2019)发现,在满意度的问题中,使用心形选项得到的评分,要低于笑脸选项和按钮选项。Cernat 等(2019)发现,使用图片替代按钮对均值的估计影响不大,但笑脸选项在多个回复质量指标上的表现都低于按钮选项。如前所述,其中的原因可能是该研究在不同选项上使用的笑脸表情相同所导致的。Gummer 等(2020)比较了笑脸选项与按钮选项在多个回复质量指标上的表现,认为没有足够的证据证明笑脸选项会提高数据质量,但笑脸选项会增加受访者的回复时长。在缺乏明确有力证据的情况下,该研究不建议使用笑脸选项。

　　总体来说,通过随机分组实验检验图片选项对数据质量影响的研究比较有限。一方面,在已有的研究中,并没有发现图片选项可以有效提升受访者的填写体验以及回复质量的一致证据。另一方面,这些研究表明,由于图片选项这种问卷设计并不常见,可能反而让原本简单的事情变得复杂,进而给受访者带来更大的负担。特别值得关注的是,如果图片选项的具体设计让受访者产生疑惑、不知道如何进行作答,对数据质量的负向影响会更加明显。

第三节　问题格式

当问卷问题确定了措辞和选项以后,以怎样的格式呈现也是研究者在问卷设计过程中需要考虑的重要事项。在一些情况下,即使问题本身没有变化,以不同的格式加以呈现,同样可能会影响受访者的填答行为以及调查的统计结果。本节将围绕问卷设计中四种典型的格式问题进行讨论,包括是否使用筛选题、多选题与多个"是/否"问题、矩阵题与逐项提问、开放式问题的设计。

(一)是否使用筛选题

有些时候,问卷中的一部分内容只适用于部分受访者。在这种情况下,为了减少受访者的回答负担,研究者可以通过筛选题(通常是"是/否"题)的方式,首先确认受访者的状态,然后对满足条件的一部分受访者加以进一步追问。如在大学生问卷中,可能包含一些关于社团活动的题目。平时不参加社团活动的学生,则不需要填写这部分问题。

调查方法学领域的研究发现,是否使用筛选题有时候可以影响调查结果,并把这个现象称为筛选效应。包括 Bishop 等(1983)在内的一些早期的调查方法研究发现,如果先问受访者在一系列社会问题上是否有态度,然后再问选择"是"的受访者具体的态度,这种方法与直接问所有人的态度相比,可能会产生更多的"不知道"。这种差异与筛选题具体的问法及问题内容有关，筛选题的问题越抽象，受访者对这个内容越不熟悉，使用筛选题的影响就越大。不同领域的研究都发现了筛选题效应。如Böhm等(2023)通过实验方法发现，使用筛选题增加了患者中报告无症状的比例。Zhang等(2022)研究发现，在测量宗教归属时，与直接提问具体的宗教信仰相比，加入筛选题的问法得到的“不信教”的人群比例更高。具体而言，先确定受访者是否有宗教信仰，然后对有宗教信仰的受访者询问具体的宗教信仰，将使调查得到的“不信教”人群占比更高。在控制了受访者的社会人口学特征和其他问卷设计特征之后，这个差异仍然存在。

在有些情况下，问卷中包含多个筛选题，每个筛选题对应多个后续问题。如在健康领域的问卷中，可能包含多道筛选题以确认受访者是否患有一系列疾病。在确认受访者患有某种疾病后，将会有更多针对这种疾病的问题。在这种包含多个筛选题的问卷中，有两种设计方案(见图4-3)。

组合式设计

Q1. 在过去的3个月中，你是否购买过一件外套？
Q2. 在过去的3个月中，你是否购买过一件衬衫？
Q3. 在过去的3个月中，你是否购买过一条裤子？
Q4. 在过去的3个月中，你是否购买过一件西装？
Q5. 在过去的3个月中，你是否购买过一条裙子？

【如果Q1的回答为“是”，继续回答Q1A-Q1C，否则跳过】

Q1A. 请简要描述你最近购买的外套是为谁而购买的。
Q1B. 你是在几月份购买的？
Q1C. 购买时花了多少钱？

【如果Q2的回答为“是”，继续回答Q2A-Q2C，否则跳过】

Q2A. 请简要描述你最近购买的衬衫是为谁而购买的。
Q2B. 你是在几月份购买的？
Q2C. 购买时花了多少钱？
……

插页式设计

Q1. 在过去的3个月中，你是否购买过一件外套？
【如果Q1的回答为“是”，继续回答Q1A-Q1C，否则跳过】
Q1A. 请简要描述你最近购买的外套是为谁而购买的。
Q1B. 你是在几月份购买的？
Q1C. 购买时花了多少钱？

Q2. 在过去的3个月中，你是否购买过一件衬衫？
【如果Q2的回答为“是”，继续回答Q2A-Q2C，否则跳过】
Q2A. 请简要描述你最近购买的衬衫是为谁而购买的。
Q2B. 你是在几月份购买的？
Q2C. 购买时花了多少钱？
……

图4-3　当问卷包含多道筛选题时的组合式设计和插页式设计

资料来源：Kreuter等(2011)。

第一种称为组合设计(grouped format)，即把所有筛选题组合在一起,在受访者完成所有筛选题后,根据受访者的回答,问卷会呈现相应的后续问题。第二种是插页式设计(interleafed format),即在一道筛选题之后,如果受访者符合条件,则展示相应的后续问题;然后是下一道筛选题以及之后相应的追问,以此类推。当前研究发现,相比于插页式设计,当多道筛选题以组合的方式呈现时,受访者更倾向于在筛选题中选择"是"。这种差异存在于不同调查内容的题目中,并且随着筛选题数量和后续题目数量的增加而增大(Duan et al.,2007;Kreuter et al.,2011)。出现这种现象的主要原因在于,受访者试图减轻填写问卷的负担。相对于组合设计,插页式的设计能让受访者很快意识到,在回答"是"之后,会有更多的题目需要完成。因此对后面的筛选题,受访者可能更加倾向于选择"否",进而避免回答更多的题目(Eckman et al.,2014)。Chen 等(2022)通过使用实验的方法,检验了多道筛选题的格式(组合式和插页式)对网络调查中断的影响。研究发现,与插页式筛选题相比,组合式筛选题在开始时会降低调查的中断率;但当受访者意识到他们的答案会引发更多问题时,组合式带来的调查中断风险会迅速上升。总体来说,无论是以哪种方式呈现筛选题,当筛选题之后跟随数量较多的后续题目时,尤其是在网络调查等自我管理的填写模式下,受访者对筛选题的回答可能不是基于真实情况的表达,而是为了缩短整体问卷答复时长而进行的有目的的回答。

(二)多选题与多个"是/否"问题

在调查问卷的设计中,多选题(check-all-that-apply)是一种常见的题目。如在 2018 年中国综合社会调查(CGSS2018)问卷中,有一道关于找工作方式的多选题,受访者可以根据自己的实际情况选择一个或者多个选项,选项包括"在职业介绍机构登记求职""委托亲友找工作""利用网络及其他媒体求职"等。在某种程度上,多选题可以看成是由多个"是/否"问题组成的。如上面这道找工作方式的题目可以变成多个"是/否"问题,一个问题对应多选题中的一个选项。以往的研究发现,这两种不同的问题格式可能会对调查的结果产生影响。Callegaro 等(2015)对比较这两种问题格式的研究进行了系统回顾,发现总体来说相对于多选题的形式,当问题以多个"是/否"题的方式呈现时,受访者更加可能选择这些题项。他们的研究同时发现,如果把选(题)项按受访者选择的程度排序,如把找工作常见的方式排在前面,这两种问题格式对选择结果的排序没有影响。

对于这种现象产生的原因,目前学界提出了两种可能的作用机制。大多数学者认为,多道"是/否"题可以诱发更深层次的认知处理,也就是回答问题时思考得更加认真充分。相较而言,多选题格式可能更加容易让受访者采用"满意"回复策略(Smyth et al.,2006;Stern et al.,2007)。Callegaro 等(2015)则认为,选择程度越高并不一定意味着越接近真实的情况,"是/否"题整体的选择程度更大可能是一种默许偏差;一系列"是/否"题可能使得受访者更加倾向于选择"是",而这不一定是受访者的实际情况。Kreuter 等(2011)借助外部验证数据,发现筛选题中不是越多选"是"就意味着数据越准确。

Lewis 等(2021)在以往研究的基础上,进一步区分了两种"是/否"题的格式,其中一种是矩阵题的形式,另一种是逐项提问的形式。研究发现,多选题和矩阵题的"是/否"题在答题效果上差异不大。相对而言,多选题和逐项提问的"是/否"题有着更大的差异,但是在统计上并不显著。统计不显著的原因,可能与该研究的样本量较少有关。该研究发现,相对于多道"是/否"题,绝大多数受访者更喜欢多选题的形式。这可能是因为相比于多道"是/否"题,多选题只有一道题,给受访者带来的填答负担相对更小。由于受访者的这种偏好,尽管大多数研究结果更加倾向于推荐使用多道"是/否"题,多选题仍然是调查中一种非常常见的题型。

(三)矩阵题与逐项提问

在网络问卷和纸质问卷中,调查设计者很多时候把一些内容相关并且选项相同的题目用矩阵的格式呈现出来,如选项都是从"非常不同意"
到"非常同意"的 5 点量表。这种题目格式被称为矩阵题(grid
questions),也被称为网格题(matrix questions)。在矩阵题中,行对应的
是不同的题目即题项(item),列对应的是不同的选项。相对于把每道题
的选项单独呈现的逐项提问(item-by-item)方式,矩阵题在视觉效果上更
加简洁且节省问卷空间,因此是一种非常常见的问题格式。图 4-4 给出
了这两种不同的呈现方式。尽管矩阵问题的呈现方式更加简洁,但一直
以来研究者对矩阵问题的回复质量存在顾虑。Krosnick(1991)在对"满
意"策略的讨论中,专门指出在矩阵题中,受访者可能采用一种"满意"策
略,进行无差异回复。这种情况下,受访者倾向于在矩阵题中对不同的题
项给出相同的回复,如全部回答"非常同意"。

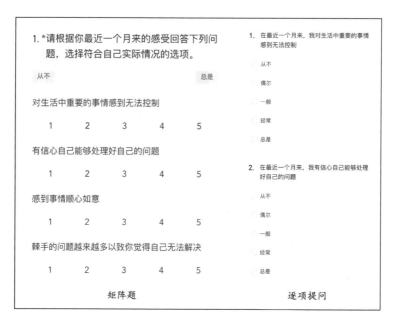

图 4-4　矩阵题和逐项提问两种问题格式的示意

　　在调查方法学领域,有一系列实验研究对矩阵题和逐项提问两种格
式在完成时长、题项无回复(item nonresponse)和题项间相关性等方面进
行比较。这些研究的实验组,通常包括一个大矩阵、多个小矩阵和逐项提

问这些不同的格式。在有些研究中,还进一步控制了问题是否显示在同一页面。Couper 等(2013)回顾了已有的研究证据,发现这两种格式最明显的差别在于矩阵题的答题时长明显短于逐项提问。此外,一些研究发现矩阵题相比逐项提问产生了更多的题项无回复,并且矩阵题格式下不同题项之间的相关性略高。但与对回复时长的影响相比,后两方面的证据并不充分。

　　这之后研究的进展主要包括探讨可能影响矩阵题格式与逐项提问格式之间差异的潜在因素;使用更全面的指标检验两种格式的差异;研究更加复杂的矩阵问题设计。如 Liu 等(2018a)在比较两种题型的研究中,进一步控制了选项的数量(从 2 个选项到最多 11 个选项),发现无论回答选项的数量多少,两种题目格式在回答时长和直线作答方面差异不大;但是,矩阵题的题项无回复比例更高,这种差异在采用移动设备(如手机、平板电脑)作答的受访者中更为明显。RoBmann 等(2018)研究了受访者能力(受教育程度)、参与调查的动机(对问卷主题的兴趣程度)对两种问题格式效果差异的影响,发现在能力或动机较低的受访者中,两种问题格式产生的差异更大。Liu(2017)评估了受访者对菜单矩阵(menu matrix)的回答质量,其中菜单矩阵是一种将多个矩阵题目组合在一起的方法。这个菜单矩阵的行对应于不同的对象,如不同类型的饮料;不同列是针对这个对象不同的问题,如喝这个饮料的频率、多大程度上喜欢喝这个饮料等。在列和行的交叉处,显示一个下拉列表包含对应题目的选项。这个研究发现,与常规的矩阵题和逐项提问相比,菜单矩阵降低了数据质量以及受访者的填答体验。

　　在对移动网络调查的设计中,研究者也非常关注矩阵题与逐项提问两种格式可能产生的差异。在移动网络调查中,有相当一部分受访者会使用智能手机完成问卷。Vehovar 等(2023)基于非常全面的回复质量指标,比较了这两种问题格式,进而建议在电脑端和移动端进行的网络调查都应该使用逐项提问的格式而不是矩阵题的格式。Antoun 等(2018)对研究智能手机问卷设计的文献进行了系统回顾,建议不要在智能手机问卷中使用比较复杂的设计,比如有很多行和列的矩阵题。关于移动网络调查中对矩阵题和逐项提问格式差异的研究,详见第五章第一节中的内容。

(四)开放式问题的设计

在调查问卷的设计中,开放式问题也是一种常见的题型。在网络调查、邮寄调查等不同的调查模式中,相比于封闭式问题,开放式问题产生的题项无回复更多(Reja et al.,2003;Millar et al.,2012)。Holland 等(2009)研究发现,开放式问题的题项无回复与受访者对题目内容的兴趣有关。在对国内大学生的网络调查中,笔者发现在开放式问题为"非必答"的状态下,在完成问卷的受访者中,约有 39% 回答了开放式问题。在没有访员在场的受访者自填写问卷中,开放式问题的回复质量尤其受到研究者的关注。以往的研究探索了开放式问题的不同设计对回复质量的影响,其中衡量回复质量的指标通常包括题项无回复、回复的长度、回复包含的不同主题(themes)数量等内容。文献中考量的设计元素可以分为两种,包括用于输入文本的文本框尺寸、开放式问题中用于鼓励受访者的文字提示。

关于文本框的大小,一些研究发现较大的文本框可以获得较长的文字回复(Christian et al.,2004;Emde et al.,2012)。但也有一些研究发现,文本框的尺寸只对部分受访者的回复长度有影响。如 Stern 等(2007)发现,对受教育程度低于大学的受访者来说,更大的文本框会产生更长的回复;但对于受教育程度更高的受访者,没有发现这种影响。Smyth 等(2009)研究发现,更大的文本框只对较晚回复的受访者有影响,而对较早回复的受访者影响不大。总体而言,受访者可能会通过文本框的大小,解读调查设计者对这道开放式问题期望的回复长度。文本框越大,受访者可能会认为调查设计者期望在这道题上获得更详细的回复,因此可能给出更长的回复。同时,更大的文本框可能让受访者感受到的填答负担更重,也可能产生更多的题项无回复。与此同时,文本框尺寸对开放式回复质量的影响,可能受其他因素的影响,其中包括问卷的题目内容、受访者的特征、问卷整体的难度和长度等。

Smyth 等(2009)尝试在开放式问题中加入一些鼓励受访者的文字,以提高开放式问题的回复质量。她们尝试了两种鼓励受访者的措辞,一种是"这个问题对我们的研究非常重要",另一种是"请您花点时间回答这道题"(英文原文为"Please take your time answering it")。研究发现,在使用了这些鼓励受访者的措辞之后,开放式问题的回复质量在多个指标上的表现都有所提高。由此表明,在题目中加入一些鼓励受访者的表述,有助于提升受访者在开放式问题中给出的回复质量。

第五章 移动网络调查的问卷设计

伴随着智能手机等移动设备的发展,移动网络调查成为问卷设计中必须考虑到的重要发展趋势。本章介绍了移动网络调查中主要的设计原则与设计问题,并从完成时长、回复质量等角度分析了移动网络调查的实际效果。

第一节 移动网络调查成为发展趋势

伴随着移动设备的普及和相关技术的蓬勃发展,越来越多的人开始使用移动设备上网。Statista(2023)的统计数据显示,2022 年全球使用智能手机接入移动网络的用户数量接近 64 亿,预计到 2028 年将超过 77 亿。其中,中国、印度和美国是全球智能手机移动网络用户最多的国家。根据中国互联网络信息中心(CNNIC)发布的第 52 次《中国互联网络发展状况统计报告》,截至 2023 年 6 月,我国网民使用手机上网的比例高达 99.8%,远远超过使用台式电脑(34.4%)和笔记本电脑(32.4%)上网的比例;此外,还有 28.6% 的网民使用平板电脑上网(中国互联网络信息中心,2023)。

　　与此同时,受访者越来越多地使用智能手机、平板电脑等移动设备参与网络调查。Gummer 等(2023)对德国 2012—2020 年进行的 128 项网络调查进行了分析,发现受访者使用智能手机填答网络问卷的比例明显增加,使用平板电脑的比例较为稳定,而电脑(包括笔记本电脑)的使用比例有所减少。Couper 等(2017b)对美国、西班牙、荷兰等几个国家的一系列商业和学术调查进行了分析,同样发现智能手机的使用率有所增加。在中国,根据笔者掌握的信息,国内网络便利样本库的受访者基本都是在手机上填写问卷的。同时,笔者在自己主持的大学生调查中发现,尽管该群体中绝大多数成员都拥有电脑,并且调查明确建议使用电脑回答,但实际上仍然有将近四成的受访者使用手机完成问卷。智能手机技术的飞速发展,如扩大了屏幕尺寸并改进了屏幕导航按钮,为在智能手机上填写网络调查问卷的受访者提供了更好的作答体验。同时,智能手机用户也愈加熟悉设备的操作,能够掌握使用手机填答网络问卷所需的技巧。智能手机未来很可能成为主要的网络问卷调查填答工具,这种主要在移动设备(特别是智能手机)上填答问卷的网络调查通常被称为移动网络调查(mobile web surveys)。

　　相对于在电脑上填写网络调查问卷,智能手机屏幕更小,进而限制了在同一页面可以显示的内容。不同于点击鼠标、敲打键盘的方式,受访者通过触摸屏幕来填答更有可能出现操作错误。除了设备上的差异以外,智能手机的使用具有"随时""随地"的特点。受访者可以在没有 Wi-Fi 和宽带的情况下使用移动流量连接入网,不再需要坐在电脑前填答问卷。使用智能手机回答网络问卷的场景变得更加丰富,甚至可以实现多任务处理,在排队、通勤等做其他事情的同时,也能够使用手机填写问卷,但也可能会影响完成网络调查的时长和专注程度。智能手机改变了问卷的呈现方式以及与受访者的互动形式,意味着移动网络调查的设计需要考虑这些新型特质。在 2010 年前后,一系列研究关注了如何设计移动网络调查,以及移动网络调查和传统电脑端网络调查的区别等问题。

第二节　基本设计原则与具体设计问题

（一）基本设计原则

Antoun 等（2018）在回顾前人研究的基础上，基于移动网络调查的基本特点提出了五点原则：可读性、易选择性、页面内容可见性、设计简洁性和跨设备的兼容性。这五点原则旨在尽可能地方便和简化受访者的问卷填答过程，避免因问卷内容的呈现不当而导致数据缺失、数据质量受损以及受访者体验不佳等问题出现。

1. 可读性/易读性（readability）

在移动设备上进行网络调查，首先需要使受访者能够清晰可辨地阅读。如果受访者在阅读问题的环节就存在辨识不清的问题，他们很可能直接选择放弃回答。根据智能手机行业所提供的设计指南，一般手机用户的最小可读字体为 17—18 个数字像素，这相当于印刷字体的 13 磅或13.5 磅，其高度在 4.6 毫米左右。总之，在移动网络调查中，所选用的字体大小应该至少满足受访者的阅读需求。

2. 易选择性（ease of selection）

在方便受访者阅读的基础上，移动网络调查的设计者也要考虑对题项的回答是否容易操作。对于最为常见的选择题，选项的图标或按钮应该设置得足够明显，使受访者能够准确、快捷地进行选择。如果图标过小，受访者可能需要进行额外的缩放或者多次点击操作；若图标颜色或形状不够突出，受访者可能找不到选项的位置乃至点错，对受访者的体验和作答过程造成影响。智能手机行业的设计指南表明，选项图标或按钮的直径应以 6.7—8 毫米为宜，既不会占用太大的屏幕空间，也能够便于受访者点击和选择。

3. 页面内容可见性（visibility across the page）

手机屏幕的宽度是有限的，如果文本内容没有适配该用户的手机屏幕，则会迫使用户进行额外的水平拉动才能看到超出屏幕的内容。在网络调查中，题干和选项若不能一目了然地呈现在屏幕上，受访者往往会忽略未显示的内容。特别是在对选项的选择中，受访者很容易只选择前面可见的选项。因此在给定字体和选项的大小后，设计者需要考虑页面内容能否与受访者所持设备的宽度适配，确保受访者不需要额外操作便能看见全部内容。特别是当题干文本较长时，应设置自动换行；而当选项较多时，更推荐垂直排布。

4. 设计简洁性（simplicity of design features）

随着网络问卷系统的发展，网络调查的题型和功能越来越丰富。然而对移动网络调查的设计而言，一味使用复杂的"高端"功能可能会造成适得其反的效果。一方面，对于一些不常见的问卷功能设计，如拖动排序、滑块选项、完成后自动翻页等，受访者可能不理解应该如何正确操作。这不仅会延长受访者的回复时长，还容易导致受访者在不断尝试或收到错误提示后产生不耐烦的情绪，从而胡乱填答甚至直接退出调查。尽管有些问卷功能可以通过不断学习达到熟练使用的程度，但大多数网络调查都是一次性的，受访者往往缺乏学习这些功能的动力。另一方面，使用复杂的题型或功能越多，出现技术故障的风险也越高，这可能导致受访者的数据缺失或损害数据质量。如在调查中嵌入视频的设计，可能会出现视频无法正常播放的问题。整体而言，移动网络调查中的问卷设计需要遵循简洁性的原则，在方便研究人员操作的同时，也能大大降低受访者在填答问卷时的操作难度。

5. 跨设备的兼容性（predictability）

填写问卷的移动设备以智能手机为主，也包含平板电脑以及其他产品。智能手机分很多品牌和型号，因而在进行移动网络调查设计时，需要保证问卷具有跨设备的兼容性。问卷的字体大小、选项图标大小、内容排布需要和不同尺寸的手机屏幕相适配。此外,手机浏览器的差异也会影响问卷内容的呈现。一般来说,保证跨设备兼容性主要需要程序技术人员的测试和支持。问卷设计者需要明确地意识到跨设备兼容性问题的存在,尽力在问卷设计阶段提供更加便于解决兼容问题的设计方案。在电脑端的问卷设计中,往往可以使用较为丰富的题目类型。而在智能手机等移动端,存在着不同种类的终端设备与操作系统,使得网络调查所面对的技术环境更加多元和复杂。因此,在进行移动端网络调查的过程中,需要格外注意问卷设计的情况。以往的研究主要聚焦在问卷内容分布、矩阵问题布局、文本输入、复杂元素等问题上,下面将分别进行介绍。

(二)设计问题

1. 分页还是滚动

一份调查问卷往往由多道题目组成,题目的布局方式成为设计者必须考虑的问题。相对于线下的纸质问卷,线上的网络调查能够突破纸张大小的限制。网络问卷的问题既可以分布在不同的页面上,也可以全部放在一个页面上(此时往往需要受访者滚动屏幕以完成所有题目)。图 5-1 给出了滚动(scrolling)(左)与分页(paging)(右)设计的示意图。以往对传统电脑端网络调查的研究发现,是否分页对调查参与率和中断率的影响不显著(Peytchev et al. ,2006)。移动网络调查兴起以后,研究者开始关注屏幕变小以后,分页与滚动这两种设计是否会影响受访者行为和数据质量。

Mavletova 等(2014)利用网络便利样本库中的样本,进行了一个关于移动网络调查的实验。他们把受访者随机分为两组,问卷共有 17 个问题,一组的问卷为滚动版,另一组的问卷为分页版。在滚动版问卷中,所有问题分为两页,第一页有 9 道题,第二页有 8 道题。在分页版问卷中,呈现为一页一题的形式,共 17 页。在剔除用电脑填答的受访者之后,研究发现分页版问卷和滚动版问卷的回收率分别为 49.9% 和 48.6%,分页

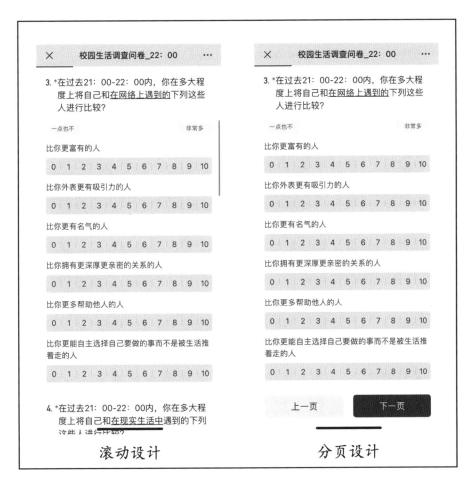

图 5-1　滚动设计与分页设计的示意

版问卷的中断率(10.2%)略高于滚动版问卷的中断率(8.0%),但这些差异均不显著。

　　上述研究结论与 McGeeney 等(2013)对一个包含 13 道问题的网络问卷研究结论相类似。Mavletova 等(2014)认为,这可能是二者优势和劣势相互抵消的结果。一方面,滚动设计减少了页数,意味着与服务器的交互次数明显低于分页设计,降低了网络技术故障导致调查中断的风险。另一方面,滚动设计下一个页面包含更多的信息,需要更长的下载时长。页面上更多的信息可能使得受访者感受到更大的负担,更加容易在调查开始时发生中断。具体而言,Mavletova 等(2014)发现,在问卷的第一页,滚动设计问卷的中断率(6.0%)明显高于分页设计问卷(3.3%)。但在考虑相同的题目数量之后,分页设计问卷的累计中断率为 7.5%,与滚动设计问卷无显著差异,分页设计问卷的中断现象更加频繁地出现在调查后段。该研究还发现,完成滚动设计问卷的受访者对调查给予了更高的满意度(70% vs 64%),且报告出现技术问题的人数显著减少(18.9% vs 25.8%)。分页设计问卷中漏掉至少一个问题的受访者比例较滚动设计问卷略高(9.9% vs 8.4%),但是两个问卷整体的题项无应答水平没有显著差异(1.84% vs 1.44%)。该研究还比较了两组受访者的答题时长,发现滚动设计问卷的平均完成时长为 4.52 分钟,明显低于分页设计问卷(9.09 分钟)。

De Bruijne 等(2014a)的研究也得到了类似的结论。经研究,他们发现滚动设计问卷中的题项无应答水平略高,但差异并不显著,相较于分页设计,滚动设计问卷的耗时较少。研究者认为,其中可能的原因是,智能手机上加载一个新页面比向下滚动页面需要花费更多的时间。Mavletova 等(2016a)通过实验设计,研究了页面上呈现的问题数量对调查的影响。这个实验设计了一份包含 30 道题的问卷,并按每页呈现 5、15、30 道题分三个实验组。研究结果表明,这三个实验组的回复率比较接近,均在 26% 左右。当 30 道题都在一个页面上时,调查中断率较低,但与其他两组的差异不显著。研究还发现,每页题目数量对题项无应答具有显著影响,每页的问题数量越多即滚动越多,题项漏答的比例就越高。类似于此前的研究结果,该研究发现当所有题目都在一个页面上时,受访者的答题时长更短。该研究没有发现每页题目数量对数据质量有显著影响。当所有题目都在一页时,受访者报告了更低频率的系统或网络连接错误,但其他的技术问题在不同实验组之间没有差异。受访者对调查的主观评价,也没有因每页题目数量不同而发生变化。

这些早期研究发现,相对于分页设计,滚动设计能够在一定程度上帮助受访者更加容易地完成问卷,包括略微降低移动网络调查的中断率,明显缩短受访者的问卷完成时长,减少报告的特定技术问题。但当一页呈现的题目越多即滚动越多时,受访者可能漏答的题目也越多。然而,这些研究基本处于移动网络调查出现的早期,当时移动网络软硬件技术还不够成熟,使得这些研究的结论具有一定的局限性。特别值得注意的是,这些研究涉及的问卷长度都比较短,也没有包含跳转逻辑。根据笔者主持调查的实际经验,当问卷包含的题目较多并都放在一页时,有可能会让受访者感到较大的填答负担,导致他们提前退出。在当下常见的网络调查平台中,断点续答的功能往往是以页面为单位保存问卷数据的,受访者在提交之前中途退出会导致系统无法保存当前页面的填答信息,若每页题目过多,受访者中途退出重新进入后需要重新填答的内容也会更多,容易导致他们选择放弃。因此,如今的移动网络调查需要适当减少每页所包含的题目数量,在分页与滚动两种设计模式中找到平衡。

2. 矩阵题的设计

矩阵题是指把一系列内容相关、选项相同的问题,使用矩阵的方式来呈现。其中矩阵的行是不同题项,矩阵的列是选项。在纸质问卷和传统电脑端的网络调查中,矩阵问题是一种常见的题型。然而由于智能手机屏幕相对较小,研究者对移动网络调查中矩阵题的回复质量存在顾虑。首当其冲的问题是,包含多行多列的矩阵题有时不能完整地呈现在手机屏幕上,受访者需要进行水平滚动或垂直滚动操作,才能看见所有题项和选项。研究发现,相较于在电脑上作答,在智能手机上回答矩阵题需要花费更多的时间(Couper et al. ,2017b),并有更高的中断率(Saunders et al. ,2012;Mavletova et al. ,2018)以及更多的直线作答行为(Stern et al. ,2016)。因此在移动网络调查的研究中,学者比较关注如何在智能手机上呈现矩阵题。

在早期研究中,Peytchev 等(2010)对矩阵题进行了两个实验。在第一个实验中,他们将 10 个关于日常生活的 3 点量表问题设计成两个版本:其一,按电脑端的样式,以矩阵形式直接全部呈现在手机页面;其二,将原矩阵拆成多个单选题进行逐项呈现,每页一题。每个版本的问卷,都由约 30 名受访者进行填答。第一个实验发现,两个版本的问卷在直线作答、内部一致性、平均值等方面均不存在显著差异。不过该研究的样本量较小,且在 3 点量表中数值可以变化的范围有限,对研究结论的可靠性造成了一定的影响。在第二个实验中,研究者将 8 个关于饮食的问题分两种方式呈现:一种是可以直接在屏幕上看到完整的 7 个选项,另一种是只能先看到前三个选项,受访者需要水平滚动屏幕到右侧才能看到其余选项。这个实验发现,两个实验组关于前三个选项的回答情况没有显著差异。但在需要水平滚动的实验组中,部分受访者(7/30)报告了他们并没有注意到一开始被隐藏的选项,或者觉得水平滚动很麻烦。这个研究表明移动网络调查应该避免需要受访者进行水平滚动操作的设计,这与本节第一部分提出的页面整体可见性原则一致。

后续的研究进一步比较了移动网络调查中矩阵格式与逐项提问格式(见图 4-4)两种呈现模式对回答情况和数据质量的影响。McClain 等(2013)在手机端的场景下,比较了这两种问题呈现方式。问卷共包含 39 道题,涉及吸毒、酗酒等各类行为,选项均为 6 点量表。在实验过程中,受访者被随机分配到矩阵组或逐项提问组。研究发现,与矩阵组相比,受访者在逐项提问组中的中断率更低(37.1% vs. 32.3%),但是差异不显著,完成时长更短(23 分钟 vs. 20 分钟),也不显著,直线作答的比例更少(25.5% vs. 10.5%),边际显著,并且报告了显著更多的敏感行为。

Tharp(2015)也发现了类似的结果。与矩阵格式相比,智能手机上逐项提问格式的中断率降低了 1.8 个百分点,在回答问题是否感到困难、是否享受回答问题的过程等方面,受访者对逐项提问格式问卷的评价也略高。不过需要说明的是,上述这些差异均不显著。总体上来说,大部分研究认为在移动网络调查中,逐项提问格式相比矩阵格式具有一定优势,具体表现为更少的直线作答行为和无差异回复行为(Peterson et al.,2013;Borger et al.,2015;Lattery et al.,2013)。与此同时,也有一些研究发现这两种问题格式对直线作答并没有明显的影响(Saunders et al.,2012),对调查结果的均值也没有显著的影响(De Bruijne et al.,2013),但矩阵题拆分后需要受访者花费更多的时间作答（Stern et al.，2016；Revilla et al.，2017）。

在智能手机技术不断发展的背景下，矩阵题得到了学者们的持续关注。Mavletova 等（2018）利用多组矩阵问题进行了一项实验，同时控制了填答设备（PC 端 vs. 移动端）与问题呈现格式（矩阵题 vs. 逐项提问），并检验了这两个因素对问卷回答过程的影响。研究结果表明，问题的格式差别对中断率没有影响；矩阵格式会显著提高直线作答的比例；在控制了性别和年龄之后，滚动设计下的逐项提问格式，即在一个页面里对每道题进行单独提问，会显著延长问卷的完成时长。两种格式都基本达到了测量等价性（measurement equivalence），即潜变量的协方差水平达到了结构效度的要求，其中逐项提问格式的同时效度略高；不同的呈现方式，对测量的重测信度没有影响；在内部一致性方面，矩阵格式下对于其中两组问题的测量表现出更高的克隆巴赫系数。相对于矩阵格式，逐项提问格式组受访者对其调查体验的主观评价显著更高。研究还发现，设备与问题格式之间有交互作用。相较于逐项提问格式，在智能手机上使用矩阵格式对受访者的调查评价有明显的负向影响。在这种情况下，受访者报告了更多的技术困难，同时受访者主观认为的调查时长也更长。而在使用电脑端的受访者中，没有发现上述这些差异。

Liu 等（2018a）在比较矩阵和逐项提问两种格式的基础上，进一步控制了选项量表的长度（分别为 2、3、4、5、7、9 和 11 点量表），以检验两种格式的影响是否与选项数量有关。研究发现，当受访者使用智能手机填答问卷时，对于不同选项数量的量表，两种问题格式均具有相似的直线作答水平与回答时长；但矩阵格式的项目无应答率总体比逐项提问格式（滚动设计）更高。对于选项数量较少的问题，两种格式均表现出了测量等价性。但对于 9 点或 11 点量表，逐项提问格式和传统的矩阵格式的因子负载和残差具有显著差异，意味着潜变量测量并不等效。逐项提问格式的潜变量残差水平始终低于矩阵格式，表明拥有更高的数据质量。这可能是由于，当选项过多时，手机屏幕往往不能完整地呈现网格模式下的矩阵问题,进而使得问卷调查的数据质量下降。

总体来说,在智能手机上使用传统的矩阵格式,容易受屏幕大小的限制,可能对回答过程和数据质量产生负向影响。因而在对矩阵问题进行设计时,需要尽可能考虑到手机设备之间的差异,并加以适配和优化。目前研究推荐的方法是将较大的矩阵题拆成多个问题逐项提问,这种方法可能会降低题项无应答和无差异回复的比例。在一些网络问卷系统中,已经可以自动实现对矩阵题的拆分。最新的研究甚至建议无论在电脑端还是智能手机端,都应采取逐项提问(将拆分后的题目呈现在一个页面上让受访者上下滚动)的格式(Vehovar et al.,2023)。关于这两种问题格式对回复时长上的影响,现有研究的结论不够一致。其中可能受到了不同因素的影响,如矩阵题包含题项的数量、选项的数量、逐项模式的问题是分页分布还是滚动分布等,仍然有待进一步的实证检验。对于不同操作系统和型号的手机,矩阵问题的实际呈现可能也具有差异。对于如何在移动网络调查中设计矩阵问题,需要学界和业界进行更深入、细致的探究。问卷设计者也要在实际操作中综合考虑多方面因素,找到适合具体研究情境的最佳呈现方式。

3. 下拉菜单的使用

下拉菜单或下拉框(dropdown box)是网络问卷中一种常见的代替传统选择按钮的方式,可以避免过多的选项堆砌在问卷页面上,起到节省页面空间的作用。受访者在点击下拉框后,系统会弹出新的次级界面,一般是选项列表(spinner list)或选取轮(picker wheels)的形式。在移动网络调查中,相同的下拉菜单设计在不同系统和型号的手机上呈现的具体形式可能会略有不同。一些研究表明,在移动网络调查中使用下拉框存在一定风险,可能会增加调查的测量误差。

使用下拉菜单可能会产生首因效应,即受访者更容易选择排列靠前的选项。其中的原因可能在于,点开下拉菜单后的次级选择界面可能在手机上显示不全,需要受访者滑动列表才能看到全部选项(见图5-2)。Stapleton(2013)在一个关于餐厅满意度的调查中,考察了不同问题数量、分页情况、选项形式（下拉框或垂直分布的选择按钮）对移动网络问卷填答情况的影响。研究发现，在控制了人口学特征后，相对于垂直分布的选择按钮，更高比例的受访者在下拉框中选择了 5 点量表中的第一个选项（"非常满意"），同时也产生了更高的中断率。因此，对类似的移动网络调查，该研究推荐使用垂直分布的选项按钮，以减少首因效应和保证问卷设计在不同手机设备上呈现的一致性。

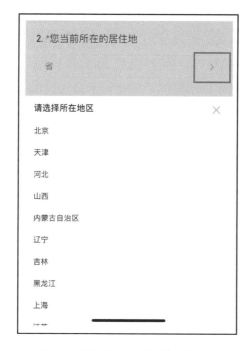

图 5-2　下拉菜单在手机端上的呈现

　　Keusch 等（2017a）的研究比较了不同设备对问卷回复质量的影响。他们发现，垂直分布的选项、水平分布的选项和下拉框三种形式对受访者回复的影响，与他们回答使用的设备有关。当问题选项为垂直分布或用下拉框显示时，手机端受访者完成问卷花费的时间比电脑端受访者更多，且产生了更多的题项无应答。在选项以水平分布的方式呈现时，手机端受访者耗时更短，且没有发现题项无应答方面的明显差别。该研究还发现，选项分布可能影响调查结果。当问题选项呈垂直或水平分布时，电脑端受访者相较于移动端受访者更倾向于选择量表的中点(每个问题均为5点量表)。而在下拉框形式的问卷中,不同设备之间并没有发现这样的差异。

当前研究表明,使用下拉框的设计可能会对数据质量产生一些负向影响。但在选项数量特别多的时候,下拉框仍然具有很大的优势。当受访者带有明确的答案去滑动下拉菜单选择合适的选项(如选择出生月份或所在省份等)时,下拉菜单导致首因效应的可能性较小。然而如果下拉菜单选项列表过长,受访者需要花费很多的时间来寻找需要的选项,可能导致受访者对问卷设计的不满,产生乱答、错答等情况。在最新的一些调查平台中,受访者还可以通过渐进式查找来快速锁定下拉框中的答案,如在受访者输入"湖"后,下拉菜单会自动定位到含有"湖"字的省,如图5-3所示。对于这种下拉菜单的使用,详见Couper等(2016)的具体讨论。整体而言,移动端需要进一步改进和完善下拉框的功能,或挖掘其他更优化的选项呈现形式,从而提升受访者的填答体验。

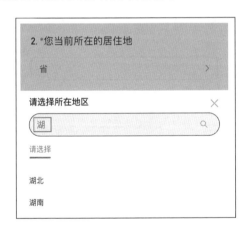

图 5-3　渐进式查找下拉菜单示意

4. 文本输入

在网络调查中,受访者文本输入(text entry)的数据质量也是调查方法学领域比较关注的问题。相比于封闭式问题中直接选择现成的选项,回答一个开放式问题对受访者来说往往需要花费更多的精力。相比于电脑,研究者担心受访者在智能手机等移动设备上输入文本更加困难,可能导致开放式问题在电脑和手机上填写的效果具有差异。Peytchev 等(2010)在某个移动网络调查中设计了一个实验,以回答"为什么吃蔬菜"的问题。实验共分两个实验组:第一个实验组提供了三个封闭的选项,包括两个不太可能的原因和"其他";第二个实验组则保留前两个原因并将"其他"改为半开放式的"其他,请说明",之后跟随一个必答的文本框。实验结果表明,在第一个实验组中有 75% 的受访者选择"其他",而在第二个实验组中只有 39% 的受访者选择了半开放式的"其他"。Wells 等(2014)在复制了上述实验后并没有得到相同的结果,而是发现不同实验组的回答没有明显差异。使用智能手机的受访者并没有刻意回避半开放的"其他"选项,也没有跳过这个问题。对于实验结果的不一致,Wells 等(2014)认为其中的原因可能在于,伴随着智能手机技术的快速发展和广泛使用,用户相比之前更加适应在智能手机上输入文字。

Revilla 等(2016)更加细致地比较了设备(电脑 vs. 智能手机)对开放式问题回复情况的影响。一方面,在控制答案长度的情况下,智能手机上的回复时长更长,表明在手机上输入文字比电脑耗时更长。另一方面,对于答案的详细程度,受访者在手机端回复的字符数显著少于在电脑上回答的字符数,这两方面的结果与 Mavletova(2013)的研究结论一致。Revilla 等(2016)还发现,在使用手机回答开放式问题时,受访者明显更多地使用缩写,但是缩写并非手机端字符数更少的原因,因为使用缩写的受访者占比较低,且缩写内容只是整条回复中的一小部分。

也有研究发现,在电脑和智能手机上回答开放式问题的字符数无明显差异(Buskirk et al.,2014)。一些较新的研究还认为,由于受访者更加适应在智能手机上打字,其在手机上可能会输入更多的文字信息(Antoun et al.,2017)。此外,Wells 等(2014)的研究发现,开放式题目的文本框大小对回答的长度有显著影响,无论是在移动端还是电脑端,受访者都倾向于在更大的文本框中填写更长的回答。这个研究结果与早期 Smyth 等(2009)对传统电脑端的网络调查的研究结果一致。这些证据表明,无论是在电脑上还是在手机上回答问卷,受访者都可能认为更大的文本框意味着研究者需要更加详细的信息。对于开放式问题的其他回复质量指标,比如题项无应答、有无实质性内容等,研究发现填答设备对这些指标的影响没有显著的差异(Mavletova,2013;Toepoel et al.,2014;Revilla et al.,2016)。

总体而言,已有研究关于填写设备对开放式问题回答质量影响的结论不尽一致。这可能是由于,不同研究中受访者对智能手机的熟悉程度、问题的内容、文本框大小等多方面因素存在差异。伴随着智能手机技术的快速普及,大多数受访者已经习惯于在智能手机上输入文字。与此同时,受访者是否愿意花费时间和精力认真填写问卷,以及开放式问题对整体问卷回复意愿的影响等问题,仍然是问卷设计者需要考虑的事项。

第三节　移动网络调查的效果

(一)在手机上回复调查的倾向

移动网络调查的优势之一是可以突破空间的限制,使得受访者能够随时随地参与调查。相对于方便灵活的移动设备,电脑设备往往需要受访者在家中或办公室才能使用。在移动网络调查发展初期,覆盖误差是研究者较为关注的一个重要的误差来源。移动网络调查要求受访者必须拥有手机,存在一定的设备鸿沟。其回复率首先和移动设备的覆盖率有关,覆盖率又和年龄、经济状况、地理位置、教育水平等多方面因素相关(Fuchs et al.,2009)。伴随着近年来智能手机的普及,覆盖率问题的重要性逐渐降低。越来越多的网络调查可以同时在电脑和移动设备上完成,甚至还出现了一些只针对移动设备的调查。这类调查可能需要受访者下载专门的调查应用程序。除了传统的问卷,这些研究还可能需要受访者提供位置信息等基于手机内置感应器的数据、关于手机使用情况的日志数据,或者其他类型的数据内容。

　　当前研究表明,常用的人口统计学特征与使用何种设备填写调查问卷存在一定联系。De Bruijne 等(2013)发现,年轻人相对于中老年人使用移动设备上网的比例更高,在男性和受过高等教育的人群中尤为如此,但这些用户很少使用智能手机回答在线问卷(0.9%),使用平板电脑回答的比例略高一些(13.5%)。Bosnjak 等(2013)发现年轻人和男性更有可能在手机上完成问卷调查,教育水平和地理位置对是否在手机上填写问卷没有显著影响。也有研究发现,使用智能手机填答调查问卷的受访者更有可能是女性(Peterson,2012;Wells et al. ,2014),以及来自收入较高的家庭(Toepoel et al. ,2014)。

　　早期研究发现,受访者使用移动设备填答问卷的比例较低,并且在不同人群之间存在差异。这种情况的出现,可能是与新技术的采纳程度有关。当受访者可以自主选择填答问卷的设备时,他们可能更倾向于选择在自己较为熟悉的设备上完成调查。此外,问卷的邀请方式也会影响填答问卷的设备。在这些研究中,调查邀请一般是通过电子邮件发送的。很多受访者并不常用手机来查阅电子邮件,从而降低了使用手机回复问卷的比例(De Bruijne et al. ,2014a)。此外,问卷对预期完成时间的描述,也可能会影响受访者选择的填答设备。一般来说,电脑适合完成复杂的耗费时间较多的任务,而智能手机更适合快速处理比较简单的任务。Kelly 等(2013)研究发现,用智能手机填写问卷的受访者中愿意花费 15 分钟以上完成网络问卷的比例,显著低于用电脑填写问卷的受访者报告的比例(35% vs. 81%)。

　　这些早期的研究发现,除了上述影响因素以外,智能手机的先进程度(触摸屏还是导航按钮)、互联网接入的类型(Wi-Fi 还是蜂窝流量)、网速的快慢、对调查的信赖程度、调查过程的享受程度等,都会影响到受访者使用智能手机完成网络调查的意愿(De Bruijne et al. ,2014a;Bosnjak et al.，2010）。研究也发现，一些策略可以有效地提升受访者使用移动设备接受网络调查的比例，其中包括利用短信而非电子邮件进行邀请和提醒（De Bruijne et al.，2014b；Mavletova et al.，2014），在问卷的开头提示或建议受访者使用移动设备，以及提供更适用于在移动设备呈现的问卷设计等（Toepoel et al.，2014）。

近些年，伴随着移动设备覆盖率和人们对移动设备操作熟悉程度的大幅提升，通过智能手机参与网络调查的受访者比例大幅增加（Gummer et al.，2023；Gummer et al.，2019）。笔者基于在国内的调查经验，也发现越来越多的受访者更愿意使用智能手机填答问卷。对于国内的一些网络便利样本库，使用手机回复问卷的比例几乎接近100％。但是，Gummer等（2019）研究发现，虽然总体上使用智能手机填答问卷的比例在增加，但选择不同填答设备的受访者在社会人口学特征方面依然存在较大的差异，如年轻人等特定群体更倾向于使用移动设备，不同群体受访者的回复行为和数据质量也可能受所用设备的影响。不同设备对调查回复的影响仍然存在，研究者尤其要注意不同群体在填答设备上可能存在的差异。

（二）回复时长的差异

在调查方法研究中，回复时长一直是研究者关注的反映受访者回复过程的重要指标。已有研究普遍发现，无论是自主选择还是被研究者随机分配填答设备，无论问卷是否有针对移动设备做过优化，在智能手机上完成调查花费的时间比在电脑上更多（Peterson，2012；McGeeney et al.，2013；Peterson et al.，2013；Antoun et al.，2017；Mavletova et al.，2015；Schlosser et al.，2018）。与此同时，也有少数研究发现填写设备与问卷回复时长没有显著的关系（Ha et al.，2020；Lee et al.，2019；Toepoel et al.，2014）。Buskirk等（2014）甚至发现，苹果手机用户的回复时长明显短于电脑用户，二者的中位数分别为8.2和12.4分钟。

Couper等（2017b）通过对连续三年的大学生调查数据进行二手分

析,探索了回复时长在不同填答设备间的差异。其中前两年的调查问卷针对移动设备进行了部分优化,第三年的问卷增加了移动端的优化设计,将矩阵问题调整为逐项提问模式(见本章第二节)。在参与调查的过程中,学生可以自主选择他们所使用的设备。研究记录了多种时间数据指标,包括问卷总完成时长、在每个页面停留的时长、页面间时长(指传输时长或服务器响应时长)、滚动或点击等操作耗费的时长等。这个研究在第一年(即 2012 年)的调查显示,电脑端受访者每页平均停留时长为 14.6 秒,平均页面间时间为 0.39 秒;智能手机用户这两项指标则分别为 16.4 秒、0.96 秒。这表明,两种填答设备最主要的时长差异来源于页面停留时长。对页面内停留时长的进一步分析表明,智能手机受访者回复时长相比电脑端受访者更长的原因可能是,在页面内的滚动操作花费了显著更多的时间。当剔除滚动操作占据的时长后,智能手机受访者花费的时间更少。此外研究还发现,调查页面的特征,包括字数和调查问题的类型,对电脑端和手机端的回复时长都有重要影响。其中,矩阵问题显著增加了手机端的回复时长,其中的原因可能是矩阵问题相比其他问题类型需要更多的滚动操作。这个研究在 2014 年的调查发现,智能手机受访者平均回复时长(17.3 秒)仍然长于 PC 端受访者(14.5 秒),但更多的差异来源于页面内停留时长;大约只有 13% 的时间差异是由页面间时长差异引起的,该比例较 2012 年有明显的下降。矩阵问题的完成时长,在不同设备上的差异进一步扩大。2012 年受访者在智能手机上完成矩阵问题的时长,比 PC 端长了 7%。2014 年的调查在把移动端的矩阵问题改为逐项提问模式后,移动端的答题时长比 PC 端长了 20%,这主要是由于回答手机上的逐项提问需要更多的向下滚动操作。

Antoun 等(2020)进行了一项实验,让 836 名受访者先后完成了两次相同的网络调查,一次使用智能手机,一次使用电脑,先后顺序是随机分配的。他们对受访者回复时长的分析结果表明,使用智能手机完成问卷的时长约为使用电脑完成问卷时长的 1.4 倍。当页面包含多个问题或需要输入文本时,这种差距会变得更大。对不太熟悉智能手机的受访者来说,差异还会更大。无论使用何种设备,受访者的多任务处理(即回答问题时可能还在做其他事情)都会导致完成时长变长。尽管研究者预期手机端受访者相比电脑端可能会更多地发生多任务处理,但实际研究中只有 5% 的受访者在使用智能手机时同时处理多项任务。因此就总体时间的差异而言,这可能只是一个很小的因素。然而,该研究没有发现任何证据表明受访者在智能手机上阅读文字所花费的时间比在电脑上更长,甚至发现了相反的结果。这可能是由于,经过优化后的移动调查中使用了相对较大的字体。

在上述研究之外,Mavletova 等(2015)还发现,互联网接入类型和屏幕尺寸对完成时长具有影响。使用 2G 或 3G 移动网络完成调查的时长,明显长于使用 Wi-Fi 的受访者。屏幕尺寸每增加 100 像素,预计完成时长就减少 0.2 分钟。随着新技术的发展,受访者在移动端与 PC 端填写网络调查问卷的完成时长差异可能会逐渐减小(Antoun et al.,2020)。一方面,4G、5G 技术的进步,以及 Wi-Fi 的广泛普及推动了网络通信速度的提高,缩短了数据传输所需的时间。另一方面,智能手机性能也在不断升级,受访者对智能手机的使用越来越熟悉。Lee 等(2019)研究发现,在大学生群体中,使用智能手机填写问卷的完成时长仅略长于电脑端,二者无显著差异,且在手机上填写并没有给受访者带来更大的负担。但由于两种设备本身以及人机交互方式的不同,不同设备在回复时长上的差异可能在不同人群中表现出不一样的结果。在 2020 年笔者主持的大学生调查中,自主选择使用手机回答问卷的受访者的回复时长相对于电脑端受访者更短。

(三)回答质量 I:中断

受访者即使使用移动设备点击了问卷链接,仍然存在中途退出或中断的可能。无论是受访者自己选择的设备,还是研究中随机指定的设备,在手机端填答问卷的中断率明显高于电脑端(Bosnjak et al.,2013;

Couper et al.,2017b;Mavletova et al.,2013)。Couper 等(2017a)对中断率进行了元分析,发现手机端受访者的平均中断率约为 13.4%,而电脑端受访者的平均中断率为 5.5%。上述结果意味着,在手机上填写问卷的中断风险水平为电脑的 2 倍以上。Mittereder 等(2022)则发现,在调查问卷开始时,使用移动设备和使用电脑的受访者的中断率没有显著差异,但随着调查的进一步展开,移动端受访者的中断风险会增加。虽然对问卷进行优化调整以更适配智能手机可以适当降低中断率,但整体中断风险水平仍然比电脑端高(Baker-Prewitt et al.,2013;Barlas et al.,2015;Emery et al.,2023;McGeeney et al.,2013;Stapleton,2013)。Mavletova 等(2015)通过元分析,探索了移动网络调查中影响受访者中断的因素。研究发现,对调查问卷进行针对移动设备的优化,时长更短且设计更简单的问卷,向受访者发送更多的问卷提醒等,都会显著降低受访者的中断率。

作为调查中断的重要影响因素之一,问卷长度受到了广泛的关注。总体来说,更长的问卷往往导致更高的中断率(Galesic et al.,2009;Liu et al.,2018b)。削减问题数量、问卷页数等,都是降低中断率的重要方法。Lattery 等(2013)研究发现,相比于电脑端,移动端问卷长度对中断率的影响更大。与此同时,也有研究发现这种影响是不显著的(Mavletova,2013)。还有学者提出了将移动网络调查模块化的方案,即将较长的问卷分解成多个短小的模块,但此方案对中断率的影响尚不明确(Johnson et al.,2012;Kelly et al.,2013),需要对其效果加以进一步的检验。因此,设计者需要在问卷过长导致较高的中断风险与想要获取更多数据之间找到平衡。

此外,Liu 等(2018b)对一般网络调查完成率的研究结果也具有一定的启发性。如开放式问题等难度较大的题型,相比简单的选择题会降低调查的完成率。以选择题开始的调查完成率,往往高于以开放式问题开始的调查。在页面顶部放置进度条的调查完成率略低于没有进度条的调查。这些结论对移动网络调查应该同样适用,尽管其中的实际效力仍然有待进一步验证。除了问卷设计因素,互联网接入情况(Wi-Fi 和蜂窝流量)、网速、移动设备类型(平板、智能手机和普通功能手机),以及不同的手机操作系统等硬件条件,也可能影响到移动网络调查的中断率(Mavletova et al.,2013,2014,2016b;Wells et al.,2014)。

综上所述,为了尽可能地降低受访者的中断率,问卷设计者首先需要做好网络问卷的优化调整以适配移动设备,使得受访者不至于在点开第一页时就放弃答复问卷(Sarraf et al.,2015)。设计者还需要遵循设计简洁性的原则,减少复杂功能的使用,缩短问卷的长度;并采取一些适当的策略,如在调查开始阶段更多地安排较容易回答的问题,避免过早呈现开放式问题等较难回答的问题。在发放问卷的过程中,调查者还要综合考虑问卷的邀请和提醒方式、移动设备与互联网等硬件条件因素,以及激励措施对调查中断可能的影响。

(四)回答质量 II:题项无应答

相对于电脑端,智能手机等移动设备的屏幕更小,需要更多的滚动操作。在移动端填写问卷时,受访者还可能会同时处理其他任务,导致注意力分散。因此对于移动网络调查,研究者也比较关心题项无应答的问题,即受访者虽然提交了问卷,但没有回答其中的一道或者多道问题。

Mavletova 等(2013,2014,2016b)的研究表明,移动端受访者的题项无应答水平比电脑端受访者的更高。Mavletova 等(2014)还发现,不同移动设备之间的题目漏答水平也存在差异。使用普通功能手机和智能手机的受访者的题项无应答率分别为 4.5% 和 1.6%,都显著高于电脑端受访者(0.5%)和平板电脑用户(0.3%)。Toepoel 等(2018)通过实验发现,填答设备、问卷格式和量表规格都会影响题项无应答水平,这三个因素间还存在一定的交互作用。具体而言,电脑端受访者的题项无应答水平明显低于使用智能手机和平板电脑的受访者。相对于电脑和平板设备,使用智能手机的受访者在带有滑动条的题目上更容易出现无应答。

但也有研究发现,移动端调查的题目漏答率与电脑端没有显著差异(Wells et al.,2014;Toepoel et al.,2014)。Schlosser 等(2018)研究发现,没有回答、回答了"不知道"和"宁愿不说"的问题数量在不同调查设备之间没有明显差异。

Lee 等(2019)发现,对在电脑上完成的网络调查、在智能手机上填写的网络调查和计算机辅助的电话调查(CATI)这三种模式而言,漏答一道问题的比例分别为 12.4％、16.3％和 5.6％,漏答两道及以上问题的比例分别为 2.7％、3.4％和 0.7％。其中智能手机受访者与电脑端受访者在题项无应答上的差异并不显著,电话调查中的题项无应答比例显著更低。需要说明的是,虽然国外研究常常把题项无应答作为一个重要的数据质量指标,但国内做调查时研究者一般不太关心题项无应答的问题。国内很多网络调查由于担心非必答题会产生较多的题项无应答,倾向于把大多数题目设置为必答题。如图 5-4 所示,受访者跳过某道题目时,调查平台会要求受访者加以作答。虽然这种问卷设置看似解决了题项无应答的问题,但并不代表获得的数据质量更高。在不存在题项无应答的同时,设备对数据质量的影响可能会体现在其他指标上。

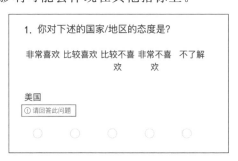

图 5-4　调查平台对题项无应答的提示

(五)回答质量 III:社会期许效应

调查问卷可能会包含一些比较敏感的问题,这些问题可能涉及受访者特征(如身高、体重、性取向等)、行为(如投票历史、作弊记录、性行为、药物滥用等），以及信仰及态度等内容（Tourangeau et al.，2007b；Gittelman et al.，2015）。人们总是希望他人以一种有利的方式来看待自己，因此在面对这类比较敏感的问题时，受访者往往会选择隐瞒不符合社会规范或社会期许的个人信息。他们在这种心理的影响下，可能会做出不完全遵循真实情况或意愿的回答，这种现象被称为社会期许效应（social desirability effect）。一般认为，社会期许效应在无调查人员在场的自填写问卷中水平较低。手机等移动设备的兴起，使得受访者可以在一些公共场合回复问卷。研究者担心，这可能会降低受访者填答问卷时的隐私感，进而导致更高的社会期许偏差。

在 Mavletova（2013）的实验中，问卷最后有 16 道较为敏感的题目，涉及对越轨行为的接受程度和态度（如是否偷窃过，对堕胎、同性恋关系和伴侣不忠诚行为的接受程度等）。研究创建了一个指标，统计受访者对这些题目是否给出了明确不符合社会期许的回答。如对于是否从商店偷过东西，"1"代表"是"，"0"代表其他回答，进而计算出受访者回答中不符合社会期许的回复比例。受访者中有 266 人通过电脑完成问卷填答，234 人通过手机完成问卷填答。回归分析表明，在控制了年龄、性别、受教育程度和完成问卷的地点等变量后，调查模式对社会期许效应没有显著影响。

Mavletova 等（2013）采用被试内的实验设计，让同样的受访者先后在不同设备上回答敏感问题。两轮问卷都包括收入、越轨行为、饮酒等敏感问题，以及受访者对这些问题的敏感程度、对数据保密性的信任程度，答题期间是否有其他人在场，完成问卷时是否感到不安，以及完成问卷的地点等内容。565 人先使用手机再使用电脑完成问卷，另外 319 人先使用电脑再使用手机完成问卷。研究建立了一系列与敏感问题相关的指标，包括接受越轨行为的比例、报告越轨行为的比例、每日饮酒量等。研究发现，在控制了性别、年龄以及设备使用顺序后，填答设备只对报告的家庭收入和酒精消费有显著影响。具体而言，电脑端受访者报告了显著更高的每日饮酒量水平和收入水平。对与填答问卷体验有关的变量的分析表明,相对于电脑端受访者,移动端受访者在户外完成调查的比例更高(45% vs. 29%),在有第三方存在的情况下完成问卷的比例也更高(29% vs. 16%)。周围陌生人较多时,移动端受访者报告的感知隐私水平更低(63% vs. 75%)。在控制了这些环境因素之后,回归分析发现家庭月收入和每日饮酒量在不同填答设备上的差异仍然显著,电脑端受访者会报告更高的收入和饮酒量水平。对于其他敏感问题,填答设备没有显著的影响。

此外也有一些研究发现,在关于品牌态度和服务满意度的调查中,自主选择通过智能手机填答的受访者会给出更多负面评价,但在随机分配填答设备的情况下设备的影响并不显著(Lattery et al.,2013;Baker-Prewit,2014)。近期研究也表明,与电脑相比,消费者在智能手机上生成的内容(如在社交媒体上发帖、给餐厅写评论、回复调查中的开放式问题等)呈现了更多的自我披露。与此同时,人们在手机上回答问题时,可能会将注意力集中在手头的回复任务上(Melumad et al.,2020)。

总体来说,对于在移动设备上填答网络调查问卷(相比于传统网络调查)是否会增加社会期许偏差,目前的研究证据比较有限且没有形成比较一致的结论。一方面,智能手机屏幕更小,填答起来可能更具私密性。另一方面,受访者可能更多地在公共场合下回答问卷,使其感知到的隐私水平降低。在未来的研究中,需要进一步研究敏感问题的类型、受访者的手机使用习惯及其文化背景等因素对移动网络调查中社会期许效应的影响。

第六章　主动数据与被动数据相结合的新型调查方法

　　智能手机等技术的发展,为调查研究提供了新的数据来源。在近年文献中,主动数据与被动数据相结合的新型调查方法受到了很多关注。本章将对这种调查方法的具体情况进行介绍,并分析其所面临的挑战。

第一节　主被动数据结合方法的特征

(一)主被动数据结合成为重要发展趋势

　　传统的调查方法主要依赖于受访者主动提供关于自身情况的信息,如在一个健康调查中报告自己的睡眠情况,或在一个消费支出调查中上传交易记录。伴随着信息与通信技术的快速发展,人们在日常生活中使用的智能手机、智能手环等诸多设备,记录了大量关于人们行为和生理特征的数据。这些数据是研究设计以外的数据,并不是为特定的研究目的而产生的,而是人们在日常生活中由于各种活动而自发产生的(Groves,2011)。这种由智能设备自动采集的,不需要受访者主动报告的数据,被称为被动数据(passively collected data)。在最近几年中,被动数据开始受到不同领域学者的关注。如何将被动数据的采集与传统的调查方法相融合,以及这种方法的优势和挑战,已经成为近年调查方法领域的一个重要的研究方向(Keusch,2023)。

被动数据主要由传感器采集的数据,以及设备的日志文件等构成。相对于主动报告的数据(后简称为主动数据),被动数据具有能够提供高密度的持续性测量、不容易受到主观因素的影响(如记忆误差和社会期许效应)、对研究参与者日常生活干扰较小等优势。使用被动数据代替一部分传统上由自报告方法测量的数据,可以减轻受访者的回复负担,并提高数据准确度。特别是在事实行为类数据的采集过程中,被动数据可以发挥良好的效果。此外,把主动数据和被动数据相结合也可以帮助研究者回答新的研究问题。

被动数据的采集同时也面临着诸多挑战,如公众对隐私披露存在顾虑,受访者在是否正确佩戴或者使用设备等方面的配合度不佳,由于设备本身原因产生的被动数据缺失和不精确的问题,以及采集被动数据本身可能会对研究关注的现象产生影响(即测量反应性,measurement reactivity)。随着未来技术的进一步发展,通过智能设备采集的数据种类会更加多样,数据精确度也会不断提高。主动数据与被动数据的结合,将在未来调查方法和社会科学的研究中发挥更加重要的作用。

(二)被动数据的类型

如前所述,智能设备可以提供的被动数据主要分为两类:传感器提供的数据和日志文件(Harari et al.,2017)。不同类型的可穿戴设备都可以提供传感数据,常见的可穿戴设备包括智能手机、智能手表、活动追踪器(activity tracker,如智能手环),以及某些特定领域使用的专业设备(如徒步旅行者使用的专业定位追踪仪器)。除了消费市场上提供的这些可穿戴设备以外,还有一些专门针对科学研究设计的可穿戴设备。这些用于研究的可穿戴设备通常还提供配套的软件方便研究者提取和分析数据，如英国 Activinsights 公司生产的 GENEActiv 智能手环。相比于其他设备，智能手机上传感器的种类相对更加多样，可以提供的被动数据的类型也更加丰富。Struminskaya 等（2023）分析了 2010—2022 年三星智能手机上搭载传感器的变化情况，发现 2010 年三星 Galaxy S 型号手机只包含 6 个感应器，包括前后摄像头、麦克风、磁力传感器、距离传感器和加速度传感器；而到了 2022 年，Galaxy S22 型号手机上的传感器种类已经扩展到了 17 个。

Struminskaya 等（2023）将目前研究中常用的智能手机上搭载的感应器分为四个类型：一是可以提供位置信息的感应器，包括 Wi-Fi、GPS 和蜂窝网络；二是可以提供距离信息的感应器，包括 NFC 和蓝牙；三是可以提供周围环境信息的感应器，包括麦克风和光线感应器；四是能提供使用者身体活动信息的感应器，包括指南针、加速度传感器、计步器等。图 6-1 给出了目前智能手机上常见的传感器。除了传感数据以外，研究者还可以通过智能设备的日志文件分析用户对智能设备的使用情况。其中，智能手机的日志文件尤其受到研究者的关注。比如，研究者可以通过日志文件中的拨出和拨入电话次数、每次的通话时间等内容，分析用户日常通信情况；此外，与手机 App 使用相关的日志文件也可以给研究提供用户日常活动方面的信息（Boase et al.，2013；Eagle et al.，2009）。

（三）主动数据和被动数据结合的优势

相对于受访者主动报告的数据，被动数据具有一系列优势。第一，能够提供高频次和高密度的信息。如智能手机可以持续记录用户的位置信息，因此时常与密集追踪调查相结合（详见本书第七章）。第二，能提供更加精细的数据。如智能手环不仅可以记录睡眠时长，还可以判断深度睡眠的时长。第三，能够提供更加客观的数据。具体表现为不受回忆误差的影响，以及避免受访者因受到社会期许效应的影响而提供不真实的信

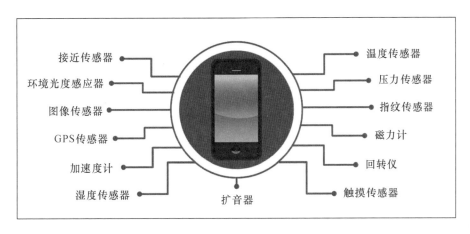

图 6-1　智能手机上常见的传感器

资料来源：Majumder 等（2019）。

息。如受访者可能实际上凌晨 2 点入睡，但是报告自己 12 点就睡了。第四，被动数据可以替代一部分的问卷问题，有助于减轻受访者回答问题的负担。除了用被动数据代替一部分主动数据，即用不同类型的数据测量研究中不同的变量外，还有部分研究关注在测量同一变量或者描述同一现象时，如何将主动数据和被动数据进行结合。Keusch 等（2022）回顾了这一类研究，总结了目前研究中结合主被动数据的五种原因。

第一，使用一种来源的数据验证另一种来源的数据。在这种情况下，通常假设一种类型的数据相对更加准确。然后以此为标准，判断另一种数据的准确性。一方面，对于以往主要依赖主动数据的研究领域，被动数据可以帮助验证主动数据的准确性。例如，以往关于社交媒体、网络及手机使用时长的数据主要来自问卷调查中受访者的自报告。如根据中国互联网络发展状况统计调查，截至 2023 年 6 月，我国网民的人均每周上网时长为 29.1 个小时（中国互联网络信息中心，2023）。这些技术的使用已经渗透到人们日常生活的不同活动中，表现出高度的碎片化特征。上述自报告的数据是否准确，一直以来都是研究者关心的问题。Boase 等（2013）把调查中受访者自报告的手机使用情况（如过去一天拨出电话的次数和发短信的条数），与通信公司提供的记录进行比较。他们发现，两种类型数据测量的手机使用情况只具有中等程度的相关性。相对于通信公司提供的数据,受访者自报告的手机使用数据表现出样本内部更大的波动性,即标准差更大的统计特征。同时,受访者自报告的打电话和发短信的次数与频率,要高于实际使用情况。另外,也有研究把主动数据作为标准,用于检验被动数据推断行为或事件的有效性。如 Goodspeed 等(2018)利用自报告的位置信息,比较了智能手机和智能手表两种设备定位信息的准确性,以及定位信息准确性与设备自身技术和人们使用行为的关系。上述研究发现,智能手机提供的位置数据缺失的天数更少,更加善于识别用户是否在家;智能手表上采集到的用户活动范围更小,更适用于记录户外行动和休闲娱乐活动。

第二,通过一种数据给另一种数据提供情境信息。与单一数据来源相比,结合不同来源的数据可以更好地帮助研究者解读数据。如在对交通出行的研究中,一种做法是通过 GPS 等被动数据获取人们的位置信息、移动情况,判断出行模式;然后采用调查的方法获取其他有关出行的信息,如出行目的、同行人等其他出行相关的细节(Hong et al.,2021)。在 Sano 等(2015)的研究中,受访者在实验开始前填写了匹兹堡睡眠质量指数(Pittsburgh Sleep Quality Index,PSQI)问卷,实验开始之后每天填写自报告的睡眠日记。此外,研究要求受访者在手腕上佩戴活动记录仪,以采集活动和光照水平。同时,受访者还需要在手机上安装一个应用程序,用于采集打电话和发短信的情况、位置信息、互联网使用情况和屏幕使用时间。这些手机使用行为以及由此产生的照明,都可能会干扰昼夜节律并提高人体警觉性,进而影响到睡眠模式和质量。因此,这些被动数据的搜集,可以为研究人们的睡眠情况提供更加全面和细致的信息。

第三,建立不同类型数据之间的关系。还有一类结合主动数据和被动数据的研究,其目的是量化两种类型数据的关系。在近年来的心理健康领域的研究中,这种情况比较常见。以对抑郁症的研究为例,抑郁症作为一种常见的、易复发的心理疾病,很容易受到忽视,且在很多时候无法得到及时治疗。抑郁症虽然是一种能够被诊断的心理疾病,但在医疗系统中往往要花费数月甚至数年时间来诊断和治疗抑郁症(Wang et al.，2005)。因此，更有效的跟踪评估抑郁症的方法，有助于患者及时就诊并更好地得到治疗。Saeb 等(2015)提出了利用手机传感器数据监测受访者日常行为活动以评估抑郁症状严重程度的方法。这项研究招募了 40名成年参与者，他们需要在智能手机上安装一个小程序。这个小程序会采集用户的位置数据和手机使用数据，即调查方法领域所称的被动数据。在研究开始之前，参与者会完成一个线上评估，包括基本的人口统计学特征和病人健康问卷-9(Patient Health Questionnaire-9，PHQ-9)。PHQ-9是一种常见的基于病人自报告的衡量抑郁症状严重程度的方法，从而构成了调查方法中的主动数据。通过结合主动数据与被动数据，研究发现被动数据所记录的行为信息与主动数据提供的 PHQ-9 分数具有强相关性。上述结果表明，被动数据能够在一定程度上为诊断抑郁症提供参考信息，可以成为诊断和治疗抑郁症的有效工具。

　　睡眠异常被认为是与众多心理疾病相关的一个重要特征，但长期以来缺乏一种方便可靠的监测睡眠方法。智能手机提供了一种新的解决方案，可以同时获得用户自报告的睡眠情况，以及通过设备采集的客观睡眠数据。Staples 等(2017)进行了一项为期三个月的研究，研究的参与者是17 名被诊断为精神分裂症并正在接受治疗的人。研究通过智能手机每周向参与者发送三次包含睡眠相关问题的问卷，同时通过手机持续搜集关于参与者行为的一系列被动数据，其中包括加速度计数据、GPS 信息、屏幕使用时间以及匿名化后的电话和短信日志。此外，参与者每月还需要在线下完成一次匹兹堡睡眠质量指数(PSQI)问卷调查。研究者将由PSQI 问卷调查所获得的睡眠质量作为"金标准"，评估由手机问卷调查和被动数据所获得的睡眠质量的准确性。上述研究结果表明，绝大多数根据问卷调查和被动数据所得到的参与者的睡眠质量评估结果与其 PSQI临床评估相一致；基于手机加速度计数据对参与者睡眠持续时间的估计与参与者自报告的睡眠时长相关系数为 0.69；由手机获得的主动数据和被动数据，能够较为准确地预测参与者当前以及未来的 PSQI 得分。这些结果均表明,通过个人智能手机获得相应的被动数据,进行睡眠监测对精神分裂症患者来说具有可行性。

第四,建立多维度的测量。如同一个量表里的不同题项可以用于测量同一概念的不同维度,Keusch 等(2022)认为,研究者可以同时结合主动数据和被动数据从不同角度描述同一个现象。在这种情况下,没有哪一种测量方法更有优势。不同来源数据的测量结果虽然未必具有很高的相关性,但是通过采用多样的数据来源,可以更全面地反映出人们的行为信息或者心理状态。对于心理压力的研究,可以将传统的问卷调查方法和被动数据相结合。如用可穿戴的皮质醇感测器测量压力水平,相关技术的发展详见 Parlak(2021)中的讨论。Leininger 等(2012)研究发现,在某些任务场景下,自报告的压力水平和生理指标反映的压力水平可能并不一致(Leininger et al.,2012)。Ma 等(2012)比较了自报告的压力水平和多种基于生理或行为数据的压力指标之间的关系。研究搜集了手腕传感器采集的数据(加速度计数据和皮肤电导数据)、手机使用情况(包括通话、短信、位置和屏幕打开/关闭情况等)和调查数据(包括压力、情绪、睡眠情况、疲劳状态、总体健康水平、酒精或含咖啡因饮料摄入情况和电子产品的使用情况)。上述研究发现,自报告的压力水平与手腕设备采集的加速器数据反映的日常行为活动、短信使用情况以及手机屏幕打开/关闭数据反映出来的手机使用习惯都存在显著的相关性。

第五,触发测量。通过使用信息位置等被动数据,能够判断人们所处的环境或者当前状态,以触发在某些特定情景下的问卷问题。这种问卷问题的激发方式,对不频繁或者不规律的事件或者行为的测量非常有意义。Haas 等(2020)利用"地理围栏"(Geofencing)的技术,对失业人员展开了研究。在调查研究中,地理围栏指的是一个可以触发调查问卷的地理区域。研究者在德国境内框定了 410 个地理围栏,每个区域都以一个就业服务中心为圆心。这个研究的目的是探索使用地理围栏的方法,给前来就业服务中心的人发放调查问卷。为了防止发起错误的调查邀请,如将问卷发放给路过就业服务中心的路人,研究者将调查邀请的触发条件设定为在就业服务中心所在的地理围栏区域内停留至少 25 分钟。一旦达到触发条件,受访者会在离开这一地理围栏区域时收到调查问卷。问卷首先确认受访者是否符合参与调查的条件,即是否到访过就业服务中心。如果受访者回答"否",问卷到此结束;如果受访者回答"是",可以继续完成剩下的题目。这项研究总结了在设计地理围栏时应该注意和考虑的问题,例如需要搜集触发问卷邀请的地理围栏区域具体信息,以便区分是哪个地理围栏触发了调查问卷;避免地理围栏出现重叠,需要细化区域的划分标准;需要考虑地理围栏中机构的运营时间,避免发起错误的问卷邀请等。

第二节　主被动数据结合方法面临的挑战

(一)智能手机及可穿戴设备的普及性

尽管智能手机已经十分普及,但被动数据的搜集经常需要研究参与者在智能手机上安装特定的应用程序。在实际调查过程中,上述过程仍然存在较多的阻碍。Jäckle 等(2017)在研究中,要求来自英国一个便利样本库的受访者下载一个特定的应用程序来搜集消费数据。研究结果表明,76.3%的受访者拥有移动设备,其中 20.2%的人完成了该应用程序的注册,15.8%的人至少使用过一次该应用程序。而在那些拥有移动设备但没有注册该应用程序的受访者中,报告了较多的困难:53.5%的受访者提到了一个或多个技术问题,如移动设备无法下载该应用程序、设备上的存储空间不足、该应用程序与设备操作系统不兼容等。此外,有41.6%的人表示对下载和操作该应用程序缺乏信心。

出于可操作性方面的考虑,一些采集被动数据的研究可能会将研究对象局限在安卓手机用户等特定设备的使用者中。这种情况的出现,有可能会影响到被动数据的研究结果。Keusch 等(2023)通过一项基于概率抽样的对德国劳动力市场的调查,分析了德国不同类型人群对智能手机的使用情况。研究发现,年轻人、受过高等教育的人和居住在大型社区的人中使用智能手机的比例较高,智能手机的使用程度与工作状态、经济水平等许多劳动力市场研究关心的实质性变量之间具有相关性。上述研究还发现,使用智能手机和不使用智能手机的人群之间不仅存在社会人口学差异,在行为和态度方面的一些指标上也存在差异。此外,这个研究还关注了不同操作系统智能手机的使用者间的差异,以及与其相关的被动数据搜集可能产生的覆盖偏差。例如,与苹果手机的 iOS 系统相比,安卓系统作为一个开源的手机操作系统,目前对第三方应用程序搜集手机传感器或其他应用程序数据的方式和内容方面限制更少。上述结果表明,安卓智能手机覆盖问题产生的偏差通常并不会比德国智能手机整体覆盖率问题产生的偏差高很多。与此同时,在社会人口学特征及态度与行为方面,苹果用户在德国构成了一个更小、更独特的受访者群体。

虽然目前很多智能手机已经自带多种传感器,但对一些特定类型的被动数据,需要受访者额外佩戴其他可穿戴设备,主要包括一些生理数据的测量,如血糖、心率、血氧水平等,所使用的可穿戴设备市场普及率目前仍然较低。皮尤研究中心(2020)在 2019 年对美国的调查显示,大约有20%的成年人表示他们经常佩戴智能手表或可穿戴健身追踪器。中国互联网络信息中心(2023)的数据显示,截至 2022 年 12 月,在我国 3.8 亿线上健身用户中,使用智能设备健身的用户仅占 17.4%。因此,若需要采集被动数据的研究要求参与者自身拥有这些可穿戴设备,可能会对研究招募样本造成困难。与此同时,也可能会使研究对象局限在非常特定的群体中,进而降低研究结果的一般性。一种可能的解决办法是由研究者统一提供可穿戴设备以保证测量过程的标准化,但这会大大提高对研究的预算要求,并且可能需要对受访者进行使用和操作方面的指导和培训。此外,如果大多数研究参与者此前没有佩戴这些设备的习惯,参与研究之后他们的行为可能会发生改变。如在佩戴采集睡眠数据的手环之后，一些参与者的睡眠行为可能会发生改变，从而对测量结果产生影响。

（二）受访者的参与意愿

与一般的调查相比，搜集被动数据有时候需要受访者携带额外的设备或在已有的设备中下载安装研究需要的应用程序，其中相对复杂的操作步骤可能会影响受访者的参与意愿。较多研究发现，在需要搜集被动数据特别是 GPS 数据时，受访者参与意愿偏低。Biler 等（2013）考察了捷克受访者使用 GPS 设备参与旅行调查的意愿，仅有 8% 的受访者表示愿意，67% 的受访者表示不愿意，其余受访者表示不确定。类似地，Armoogum 等（2013）在法国旅行调查中，询问了受访者是否愿意接受使用 GPS 设备来追踪他们的旅行，其中有 29.8% 的受访者表示愿意，5.1% 的受访者在能够自主关闭 GPS 设备的条件下表示愿意，其余受访者表示不愿意。Toepoel 等（2014）开展了一项研究，要求荷兰的受访者共享 GPS 坐标，最终只有 26% 的移动设备用户和 24% 的个人电脑用户同意分享 GPS 数据。Scherpenzeel（2017）的研究要求荷兰的受访者安装一个调查应用程序以搜集用户的地理位置和移动信息，最终仅有 19% 的受访者愿意安装该应用程序。

还有一些研究发现，对于需要不同类型被动数据的调查任务，受访者的参与意愿具有很大差异。Revilla 等（2019）进行了一项基于西班牙网络便利样本库的调查，询问受访者对于假定的研究场景是否愿意参与。最终结果显示，44.8% 的受访者愿意在手腕上佩戴能够测量血压的移动设备，37.8% 的受访者愿意佩戴用于测量饮酒水平的设备，37.4% 的受访者愿意使用手机内置的加速度计记录身体活动，20.8% 的受访者愿意在智能手机上共享 GPS 信息，17.8% 的受访者愿意在手机上安装可以采集自己访问网站信息的应用程序，愿意在电脑上安装该种程序的受访者比例更低，仅为 16.6%。Wenz 等（2019）的研究得到了相似的结果，在使用智能手机的网络便利样本库受访者中,参与意愿与假设的研究任务有关,其中 65% 的受访者表示愿意拍照或扫描条形码,61% 的受访者表示允许手机内置的加速度计记录他们的身体活动,39% 的受访者表示愿意共享 GPS 位置,28% 的受访者表示愿意下载一款应用程序给研究提供匿名的手机使用数据。

Keusch 等(2019)基于德国的一个非概率样本,对 1947 名受访者进行了调查。他们通过使用实验的方法,向受访者描述了搜集被动数据的不同研究场景,并评估了受访者在不同研究场景下的参与意愿。在所有研究场景中,受访者都需要下载一个应用程序来完成问卷,提供自己手机使用相关程序留下的各种被动数据。具体而言,需要提供的被动数据包括地理位置、手机内应用程序使用情况和浏览器历史记录,以及接打电话和收发短信的数量等内容。实验设计控制了六个研究特征,包括研究机构类型、研究主题、研究持续时间、激励措施、该应用是否会额外发送问卷、研究期间是否可关闭应用程序。研究发现,有三分之一的受访者表示愿意下载这种应用程序并参与所描述的研究,约四成的受访者在多种研究情境中均表示不愿意参与。

Keusch 等(2019)的实验发现,受访者参与被动数据搜集研究的意愿受到一些研究特征的影响。首先,参与意愿与研究机构类型有关,受访者对学术机构组织的调查研究的参与意愿最高,其次是商业公司,对政府统计机构组织的调查研究的参与意愿最低。这个结果反映出德国民众对向政府分享个人隐私数据的意愿较低。但是,需要注意到,这个研究的样本来自商业调查公司,受访者对商业公司的态度可能较一般人群更加积极。其次,与之前对传统调查参与意愿的研究结果一致,参与被动数据搜集的意愿受到研究持续时间和激励措施的影响。对于较短持续时间(6 个月 vs. 1 个月)的研究和提供奖励的研究(没有奖励 vs. 下载应用程序获得 10 欧元/研究结束时获得 10 欧元/下载应用程序和研究结束时都获得 10 欧元),受访者的参与意愿显著更高。最后,是否要求受访者在提供被动数据的同时完成调查问卷,对受访者的参与意愿没有显著的影响。

此外,需要采集被动数据的研究往往需要参与者具有较高的配合度,如持续携带设备并保持开机和联网状态。与此同时,被动数据的搜集常与密集追踪调查相结合(详见本书第七章),具有测量频率高、持续时间长的特点。总体而言,被动数据的搜集需要参与者具有较高的依从性,从而也会影响到人们的参与意愿。如 Smith 等(2020)在研究中比较了焦虑和压力的主观评分与一些生理指标,需要参与者佩戴 Spire Stone 设备。这种设备是一种贴在衣服上的装置,可以较为方便地监测呼吸频率、呼吸频率变异性、步数和静坐时间等指标。他们在研究中发现,实际上只有52%的受访者在研究过程中按要求佩戴了该设备。

(三)测量效果存在争议

由于被动数据是由设备自动采集的,人们往往会认为被动数据具有很好的测量效果。然而在实际运用当中,被动数据也存在着一定的缺陷。例如,Bähr 等(2022)对智能手机传感器提供的地理位置数据的缺失问题进行了系统研究。他们提出了一个五阶段模型,给分析被动数据的缺失问题提供了一个框架。第一阶段,确定手机设备是否处于开机状态。第二阶段,在手机开机的状态下,确定应用程序是否可以正常搜集数据。第三阶段,在设备打开且应用程序正在搜集数据的前提下,确定是否能正常测量地理位置信息。在这一阶段中,可能导致搜集地理信息数据失败的技术原因包括电池电量低,GPS、Wi-Fi 和移动网络信号差。此外,也有可能是用户在智能手机设置中禁用了位置跟踪。第四阶段,确定是否能够成功建立地理定位。在这一阶段,可能存在成功启动了地理位置的测量,但无法采集到地理位置信息的情况。测量结果的失败,可能与室内位置、墙壁数量、墙壁材料和周围建筑的密集度有关,也有可能受到内置传感器的质量和算法影响。此外,用户的使用行为,如智能手机放在身体上的具体位置可能会影响地理定位测量的质量。第五阶段,确定采集到的地理位置信息对研究分析是否有效。如果受访者使用了第三方程序伪造地理位置信息,或者采集位置信息的设备实际上非受访者本人使用,则意味着虽然研究者获得了位置信息,但这些信息是无效的。研究者分别对每个阶段地理位置信息的缺失情况进行建模。他们重点关注了四组解释变量,分别是受访者特征、设备硬件类型、设备状态以及测量的时间和空间。通过这种方法,可以系统地分析影响每个阶段数据缺失或错误的原因,从而为解决地理位置数据的缺失问题提供了依据和思路。研究结果表明,受访者的社会人口学特征对数据缺失几乎没有影响。用户行为如暂时取消应用程序对地理位置数据的访问权限或暂时卸载应用程序,对数据缺失的影响最大。与设备相关的因素如手机制造商和操作系统,以及一些第三方应用程序(如可以自动清理后台任务的程序),也可能在不同阶段导致数据缺失。

Naughton 等(2016)根据受访者报告的吸烟区域设定了地理围栏。当受访者进入地理围栏内,就会触发相应的问卷来调查其吸烟情况。然而,有个别受访者表示由于 GPS 和 Wi-Fi 信号较差,定位过程花费了较多时间,给受访者带来了不好的体验。在定位失败或者定位精度较差的情况下,均有可能无法根据地理围栏信息有效触发问卷。

除了地理位置信息外,其他类型的被动数据也存在测量方面的问题。如 Vathsangam 等(2014)对利用智能手机被动数据判断人们日常活动强度进行了探索式研究,其中 8 名年龄为 50—80 岁的参与者在 3 周时间内需要携带安装了特定应用程序的智能手机。这款应用程序在后台自动采集手机感应加速度的相关数据,每分钟计算一次运动强度。尽管研究发现这种方法具有一定的可行性,但其中的加速度数据出现一定的缺失,导致一些活动没有被应用程序记录下来。也有研究对市面上在售的多款计步器进行了比较,发现即使是性能最好的传感器(在所有速度下的误差均低于 2%,在步行识别方面表现最好),在区分站姿和坐姿方面仍然存在困难(Storm et al.,2015)。

Hickey 等(2021)研究了用于测量与抑郁、焦虑和压力相关的生理指标的最新智能设备和可穿戴技术。虽然近期的研究发现皮电反射

(Electrodermal Activity，EDA)在压力检测中具有很高的准确性，但也有研究发现依赖 EDA 数据的设备容易出现运动伪影。此外，施加在 EDA 电极上的压力变化与可穿戴设备的松紧度以及手和手腕的运动有关，也可能导致数据失真(Anusha et al.，2019)。对于这些基于传感器的被动数据，其准确性从根本上取决于传感器数据的质量和从传感器数据中提取出特征的质量。然而传感器数据往往不够精准，或者在技术上准确但结果具有误导性。例如，当手机放在袋子里、掉落或摆动时，加速度计往往会产生不准确的数据。从技术角度来看，确保原始传感器数据的准确性是前提，在此基础上才有望提取出可用于分析的具有实际意义的数据特征(Burns et al.，2011)。

(四)隐私和伦理方面的担忧

Keusch 等(2019)在对被动数据搜集参与意愿的研究中，分析了受访者不愿意参与这类研究的原因。他们发现，对隐私和数据安全问题的担忧是最主要的原因(占 44%)。由此可见，隐私和伦理相关问题是研究者搜集被动数据面临的一个非常大的挑战，限制了这种方法在更一般的人群中的适用性。Keusch 等(2020)基于欧洲国家的 4 个样本(两个为非概率样本，两个为概率样本)的网络调查发现，受访者对基于智能手机数据搜集的顾虑程度与数据类型有关。受访者顾虑程度最高的是通过特定应用程序跟踪智能手机使用情况，其次是通过 GPS 搜集地理位置数据。相比之下，受访者对需要主动提供的数据的顾虑较低，具体如使用手机拍照或扫描条形码。受访者对不同类型数据呈现出的态度差异，可能与受访者认为自己对所提供数据的控制程度有关。当人们感受到自己对数据搜集的具体细节过程，如时间范围、数据内容和形式等的控制越少，他们可能会对提供这种数据产生更多的顾虑。该研究还发现，相对于智能手机的使用数据(如手机内应用程序的使用情况、接打电话和收发短信的情况等)和 GPS 数据，人们对研究者搜集智能手机内置传感器的数据(如基于智能手机的加速度传感器数据判断用户步行、跑步或骑自行车的频率和速度)的顾虑程度更低。这些差异反映出人们对不同类型数据的敏感性不同。受访者可能认为相比于一天行走的步数,研究如何使用自己的GPS位置信息可能存在更大的不确定性,因此提供这样的数据潜在地存在更大的风险。

在医疗保健领域,使用智能设备搜集被动数据已经得到了比较广泛的应用。被动数据被广泛用于识别和追踪参与者的健康情况,在一些情况下还可以提供及时的干预。Maher 等(2019)对医疗健康领域搜集和使用被动数据的伦理问题进行了系统性的回顾,发现信息隐私、知情同意和数据安全是当前关注的焦点。在知情同意方面,大多数研究者认为当前在搜集被动数据时的知情同意程序不够有效,受访者倾向于本能地同意条款和服务。由于数据的被动性质,参与者可能不知道研究搜集数据的类型、数量或含义,无法清楚预见这些被动数据如何被使用,进而使得目前的知情同意程序实际上难以做到让参与者充分知情。此外,在医疗健康领域,采集被动数据可能会对患者护理和生活质量造成负面影响。如对受访者的追踪可能会使他们感到不适,长期的设备监控会给他们带来负担。还有一些研究者担忧,使用智能设备对患者进行数据采集和追踪部分替代了线下的诊断环节,会减少现实生活中医患之间的接触和交流,可能对医患关系具有不利的影响。

在心理健康领域,Cornet 等(2018)回顾了已经发表的 35 篇使用智能手机传感数据的实证文献,其中 20 篇论文关注了隐私问题。这些研究对其保护数据隐私的方法都有一些基本的描述,主要包括以下措施:与外部服务器的安全通信,数据匿名化,给音频数据加密和数据的本地存储/处理(而不是将数据直接发送到外部服务器)。在其余 15 项研究中,没有明确提及隐私问题或保护隐私的方法。Cornet 等(2018)由此提出,研究者需要进一步了解人们在提供被动数据时对隐私问题和数据所有权的担忧,以及人们分享这类数据时的偏好,以提出一些能够有效降低人们对隐私的顾虑、提升对具体数据搜集方式接受度的方法。如研究者可以尝试开发和测试新的隐私和安全协议,以及探索赋予用户在数据隐私和安全方面更多的自主控制的权利。此外,他们还建议进一步完善相关的法规政策和行业准则,规范智能手机传感数据在用户隐私和数据所有权等问题上的标准,为在数据保护策略失败的情况下(如数据泄露)如何明确责任提供相应的法律依据。

2018 年,欧盟出台新的《通用数据保护条例》(*General Data Protection Regulation*,GDPR),对数字数据搜集提出了更高的要求。GDPR 要求用户有能力撤销个人提供数据的许可,并且有权选择愿意共享的数据类型。GDPR 非常强调知情同意,意味着参与者需要充分了解所搜集的数据及其搜集目的。2021 年,中国先后通过《中华人民共和国数据安全法》《中华人民共和国个人信息保护法》,在数据领域和安全领域筑起了基础性的法律保障。其中,《中华人民共和国个人信息保护法》提出,"基于个人同意处理个人信息的,个人有权撤回其同意。个人信息处理者应当提供便捷的撤回同意的方式。个人撤回同意,不影响撤回前基于个人同意已进行的个人信息处理活动的效力"。

然而,一项来自德国的研究表明,尽管 GDPR 对研究者提出了更加细致的要求,参与者却并没有充分知晓或利用自己的权利(Kreuter et al.,2020)。该研究要求参与者通过一个符合 GDPR 要求的应用程序共享一系列个人数据,其中包括地理位置、加速度计数据、电话和短信日志、手机应用程序使用情况等内容。研究结果发现,尽管参与者可以自行选择允许共享哪些数据,但实际上大部分参与者并没有对这些不同的数据类型进行有效的区分。与此同时,虽然研究者在应用程序中设置了一个功能,可以帮助参与者激活和停用程序的数据搜集行为,然而绝大多数参与者在一开始同意之后都不会再撤销同意。仅有约三分之一的受访者阅读了该应用程序中关于数据搜集和使用的解释说明信息,这意味着当前的知情同意程序不够有效。Maher 等(2019)对此建议,研究者可以采用交互式知情同意程序,该种方式具有注释、对讲和视觉辅助等功能,有助于实现对参与者的充分告知和保护。

第七章　密集追踪调查——生态瞬时评估法

在社会科学的研究领域内,密集追踪调查得到了越来越多的关注。利用这种最新发展的研究技术,能够获取到内容更加丰富的调查信息。本章将在对该方法进行简要介绍的基础上,重点关注其中存在的无回复、回复质量及追踪调节效应等问题。

第一节　生态瞬时评估法的基本内容

在调查方法学中,追踪调查(longitudinal 或 panel survey)是指对同一个对象进行反复测量的调查方法。传统意义上,追踪调查通常持续数年甚至数十年。追踪调查可以同时反映总体和个体的变化,相比于截面调查,更加适用于进行变量间因果关系的推断。北京大学的中国健康与养老追踪调查(China Health and Retirement Longitudinal Study, CHARLS)是一项全国性的对 45 岁及以上中老年人及其家庭具有代表性的追踪研究,每两到三年对样本进行一次追踪,给研究人口老龄化问题提供了重要的数据来源,利用这一数据库,还可以研究疾病对老年人日常生活的影响(李正禹等,2019)、退休对健康的影响(苏春红等,2019)等一系列问题。

　　相对于传统的追踪调查,密集追踪调查的重复测量频率更高,在一天中往往进行一次或多次测量。但是整体持续时长更短,时长一般为数周到数月不等。本章将着重介绍生态瞬时评估法(Ecological Momentary Assessment,EMA)的使用方法。与 EMA 相似的研究方法,有日记研究法(dairy method)、经验取样法(experience sampling method,ESM)、动态监测法(ambulatory monitoring)等。这些方法虽然在运用学科、设计操作和测量目标上有所不同,但都具有密集追踪的特点(Shiffman et al.,2008;邢璐等,2019)。尤其是 ESM 和 EMA,虽然这两种方法来源于不同的研究领域,但是在数据搜集方法上具有非常相似的特征。以往研究通常把二者视为同一种方法进行研究和讨论(Trull et al.,2009)。

　　EMA 是一种在真实环境下,对同一调查对象在一定时期内进行比较频繁的抽样和重复测量,以捕捉其当下的心理、行为和态度的研究方法。相较于传统的调查方法,EMA 密集追踪的特点赋予其独特优势,具体表现为以下几点:①与传统回溯性方法相比,EMA 通过密集抽样可以捕捉当下发生(或者发生不久)的经历和状态,以减少回忆产生的测量误差;②与截面研究相比,EMA 的密集抽样可以测量同一研究对象在多个时间点的经历和状态,能够帮助研究者更好地进行因果推断;③与以年为单位的追踪调查相比,EMA 可以观察到研究对象在更小时间单位内的变化;④与实验研究相比,EMA 测量的是研究对象在真实环境中的状态,理论上具有更好的生态效度;⑤相较于实验方法,由于不需要研究人员主动施加刺激,EMA 适用的研究问题更为广泛。总体而言,EMA 同时具有较高的内部效度和外部效度(陈明瑞等,2017;封丹珺等,2004;Dao et al.,2021;Davidson et al.,2017;Shrout et al.,2012)。在近年来诸多研究领域揭示相关关系的研究居多,能够推断因果关系的证据有限的情况下,EMA 日益受到研究者的关注,并被广泛应用于心理和行为的相关研究中,尤其在临床心理学和公共健康领域具有重要的价值(邵华,2020;Trull et al.,2009;Rot et al.,2012)。

　　在关于社交媒体使用影响主观幸福感（subjective well-being）的研究中，有大量的实证研究发现社交媒体使用程度和主观幸福感之间存在着负向的关系（Twenge，2019）。然而由于这些证据主要来自截面调查，研究者难以确定影响的方向，即究竟是社交媒体使用越多导致幸福感越低，还是幸福感低的人更容易在社交媒体上花费更多的时间，抑或是这两种影响同时存在。为了更好地观察社交媒体的使用如何影响青少年的主观幸福感，Faelens 等（2021）使用 EMA，在 14 天内每天对近 100 名被试发放 6 次问卷。每天发放问卷的时间，分别为上午 10 点、中午 12 点、下午 2 点、下午 4 点、下午 6 点和下午 8 点。该研究通过分析社交媒体使用与负面情绪、自尊和社会比较（social comparison）之间的动态变化关系，发现社交媒体的使用可以预测主观幸福感的降低，并且自尊和重复性消极思维（repetitive negative thinking）在其中起到了中介作用。

　　尽管 EMA 在理论上具有较高的研究效度，但是实际的数据质量仍然有待进一步检验。相较于 EMA 日益广泛的应用，对其数据质量的研究却十分有限。目前的研究主要是对 EMA 的综述性研究。国内研究主要从 EMA 在不同领域的研究主题和应用现状（邵华，2020；张银普等，2017；郑新竹等，2021）、研究设计要素与数据搜集过程（段锦云等，2012；张银普等，2016）、数据处理与分析（邢璐等，2019；郑舒方等，2021；刘源等，2022）等不同方面进行梳理和总结，缺乏聚焦数据质量的研究。国外对 EMA 数据质量的研究，主要集中在对受访者依从性（compliance）及其影响因素的元分析上。然而，这些元分析的结论并不一致。以 EMA 的基本设计特征每天测量频率为例，其对总体依从性的影响和显著性在不同的元分析中得到的结论有较大不同（Wrzus et al.，2023；Wen et al.，2017；Jones et al.，2019；Ono et al.，2019）。这可能是由于，EMA 的运用场景与设计特征维度非常多样化。对以往研究的梳理和总结不能有效地发现其数据质量的规律性特征，需要对 EMA 数据质量进行更加直接和聚焦的研究，才能帮助研究者更好地设计和使用 EMA 这种数据搜集方法。

　　EMA 虽然具有密集追踪的特性,但其本质仍然是一种调查方法。根据 Groves(2005)的总调查误差理论(Total Survey Error),EMA 的数据误差可以分为两类:由于观察不到产生的误差(errors of nonobservation)和观察产生的误差(errors of observation)。此外,类似于传统追踪调查中的追踪调节效应(panel conditioning),对受访者密集的重复测量也可能改变研究的测量目标本身。如在重复的测量过程中,可能改变受访者的行为、态度等。本章第二节将对这三个与 EMA 数据质量相关的问题分别进行讨论。

第二节　EMA 的数据质量特征

(一) EMA 的无回复

　　在传统调查中,无回复的出现受到社会文化(如对调查的态度、对社会的信任程度等)、调查设计(如调查模式、问卷长度、奖励设置、提醒次数等)和受访者特征(如性别、年龄、受教育程度、对调查题目的兴趣等)三个层面的因素影响(Groves et al.,1992;Groves et al.,2012)。以往对调查无回复的实证研究,主要集中在被抽中的对象是否最终完成了调查,以及与上述影响因素的关系(De Heer et al.,2002;Fan et al.,2010)。在问卷填写过程中,也可能产生无回复(即中断)的现象。研究发现,大多数中断出现在问卷开始,并可能与填答设备和填答速度有关(Mittereder et al.,2022;Chen et al.,2022)。

　　相较于传统调查方法,EMA 无回复的表现形式更加复杂。依据数据搜集的不同阶段,EMA 的无回复可以分为招募阶段的无回复和 EMA 开始后的无回复(即依从性)。由于 EMA 不依赖于概率抽样,所以对招募阶段无回复的研究较少,但与之密切相关的是人们对 EMA 研究的参与意愿。相较于传统的调查方法,EMA 对调查对象的负担更重,对其生活的干扰更大,受访者出现隐私顾虑的可能性更大。与此同时,EMA 研究往往也会给受访者提供一定的奖励。对于 EMA 这种新兴的数据搜集方法,人们的参与意愿如何有待探索。尤其是在中国社会的文化背景下,其中受到哪些人群特征和 EMA 设计因素的影响,仍然存在很大的未知空间。目前,国内的 EMA 研究主要在大学生群体中展开,并以女性为主,具体可见向燕辉等(2022)、郑文倩等(2019)、邵华等(2019)、安媛媛等(2017)的讨论。此外,还有个别针对特定群体的研究,如陈潇潇等(2022)对母亲的研究,林琳等(2020)对护士的研究,等等。

对于 EMA 开始后的无回复,目前的研究主要聚焦在整体依从性及其影响因素上面。其中整体依从性的指标,主要通过回复 EMA 问卷的次数除以总抽样次数来测量。近年来,使用 EMA 的不同研究领域都试图通过对文献的系统综述梳理,来总结整体依从性与被试特征以及 EMA 设计特点之间的关系。这些研究领域包括药物滥用(Jones et al.,2019)、社会交往与情绪(Liu et al.,2019)、长期疼痛(Ono et al.,2019)、主观幸福感(De Vries et al.,2021)、负面情绪与血压的关系(Joseph et al.,2021)等。此外,也有跨领域的对 EMA 依从性的系统综述研究(Wrzus et al.,2023)。

在上述这些研究中,关注的影响 EMA 依从性因素不尽相同。整体来说,研究者关注较多的因素包括每日测量的频率、奖励以及被试的年龄。然而对于这些因素,不同系统综述得到的研究结论并不一致。一些研究发现,每日测量频率越高,整体依从性越低(Williams et al.,2021;Wrzus et al.,2023)。也有研究发现,整体依从性与每日测量频率之间没有显著的关系(Jones et al.,2019)。还有研究发现,整体依从性与每日测量频率之间的关系,在临床与非临床研究中不同:在非临床研究中,测量频率与依从性负相关;但是在临床研究中,测量频率越高,依从性也越高(Wen et al.,2017)。Wrzus 等(2023)发现,与提供抽奖、代金券、食物等非现金奖励和没有奖励相比,提供现金奖励的 EMA 研究的整体依从性更高。但也有研究发现,是否提供奖励与整体依从性之间没有显著的关系(De Vries et al.,2021)。Ono 等(2019)发现,EMA 研究中年轻人的整体依从性更低。而 Wrzus 等(2023)则发现,整体依从性与年龄和性别都没有显著的关系。

总体来说,在目前对 EMA 整体依从性影响因素的系统综述研究中,所得到的结论并不一致。这可能是由于,相比于传统的调查,EMA 研究设计的维度更加复杂,很多已经发表的研究并没有公开比较细致的研究设计信息。如 Wrzus 等(2023)在其综述中发现,约有三分之一的 EMA 研究对是否提供了奖励,以及奖励的形式和具体方案,没有提供明确的信息。由于类似关键设计信息的缺失,系统综述在分析整体依从性的影响因素时,无法比较全面地考虑到每一项 EMA 研究的设计特点,可能对一些潜在的干扰变量缺乏控制,使得不同系统综述研究得到的结论不一样。虽然目前对 EMA 数据完整性的研究,主要聚焦在整体依从性上面。但是需要注意的是,这个指标比较笼统,忽略了 EMA 回复状态的时间序列特征。在 EMA 开始后的回复状态,实际上是由一系列 0/1 变量组成的时间序列。如何根据 EMA 开始后调查对象回复状态的时间序列特征,划分出具有意义的无回复类型,并进一步探讨这些类型与受访者特征和EMA 设计特点之间的关系,是亟待解决的研究问题,也是探索提升EMA 回复水平有效策略的前提。

与 EMA 依从性密切相关的,是 EMA 的数据缺失问题。在一般追踪调查中,纵向数据如果存在缺失值可能会导致分析结果产生潜在偏倚(陈丽嫦等,2020a;Schafer et al.,2002)。因此,EMA 的数据缺失问题可能对研究结果产生影响。此外,EMA 本身对同一受访者的观察次数也有比较高的要求。有学者认为,EMA 研究需要对同一调查对象重复测量50—100 次,以保证能够有效地估计个体内波动和个体间差异(Siebers et al.,2022;Molenaar et al.,2009;Voelkle et al.,2012)。在传统追踪调查中,对缺失数据的填补方法与数据缺失的机制有关。完全随机缺失的机制带来的缺失问题可以使用传统插补、基于模型的极大似然估计和多重插补来处理,随机缺失(missing at random,MAR)和非随机缺失(missing completely at random,MNAR)这两种缺失机制则可以采用基于模型的极大似然估计、多重插补和贝叶斯估计等方法得到较为稳健可靠的处理结果(鲍晓蕾等,2016;陈丽嫦等,2020b;张杉杉等,2017;Black et al.,2012;Enders,2011;Lu et al.,2013)。就目前而言,针对 EMA 数据缺失填补方法的研究比较有限。虽然传统追踪调查中对数据填补的研究可以为 EMA 的数据填补提供方法和思路,但如何恰当地选取和使用不同模型,以及对数据缺失机制做出合理的假设,都依赖于对 EMA 无回复特征的深入探索。

(二)EMA 的回复质量

EMA 密集追踪的特点,对其回复质量来说是一把双刃剑。一方面,与传统具有回溯性特征的研究方法相比,EMA 重在捕捉瞬时的状态,理论上 EMA 的自我报告受到回忆误差的影响相对较小。另一方面,EMA 的密集追踪增加了调查对象的回复负担。依据“满意”理论,任务难度的增加可能促使受访者“走捷径”而不是采用最优的答题策略(Simon,1956)。在传统调查中,“满意”的回复行为包括:在一系列选项中选择第一个看起来合理的选项,同意态度题中的陈述,对涉及变化的态度问题选择“保持不变”,在矩阵问题中无差异回复,回复“不知道”,不加以思考随机选择,超速回答(Krosnick,1991;Zhang et al.,2018;Roberts et al.,2019),等等。虽然这些行为的出现并不一定总是“满意”回复策略的结果,但是在难以获取外部验证数据客观计算测量误差的情况下,这些指标仍然给调查方法研究提供了评估数据质量的重要手段。

上述这些基于传统调查形式的行为指标,虽然对评估 EMA 回复质量也具有意义,但是没有考虑到 EMA 密集重复测量的特质。根据回答调查问题的四步骤模型(详见第一章第一节),受访者在回答调查问题时一般经历了理解、回忆、判断、报告四个阶段(Tourangeau et al.,2000)。在 EMA 研究中,调查对象可能会在一天内多次回答相同的问题,研究者期望受访者在每一次回答时都能够认真地完成上述四个阶段。但在实际的数据搜集过程中,密集重复测量会怎样影响调查对象的回复质量,目前尚缺乏细致和深入的研究。如在多次重复测量中,是否可能产生参照效应? 即受访者把自己几个小时之前对相同问题的回答当作参照值并在此基础上微调,而不是在每次回答问卷时都进行独立判断。如果参照效应存在,那么其与受访者特征和 EMA 设计特征的关系如何? 总体来说,目前迫切需要能反映 EMA 密集追踪特点的评估回复质量的新行为指标,以帮助研究者更加全面地评估 EMA 的回复质量。

(三)追踪调节效应

对于 EMA 这种在一段时间内对被试进行密集追踪的研究方法,研究者的一个顾虑是这种测量方法本身是否会改变被试的态度、行为和状态。在心理学领域中,一般把这种现象称为测量反应性。传统的追踪调查也存在类似的现象,即在同一项研究中,受访者之前参与调查的经历可能会改变其在之后调查中报告的态度、行为和想法。调查方法领域把这种现象称为追踪调节效应。测量反应性可以存在于任何测量方法中(Webb et al.,1966),EMA 这种多次重复测量下被试状态可能发生的变化更接近追踪调查中的调节效应。本章将使用追踪调节效应来描述这种现象。

过去几十年对追踪调查的大量实证研究发现:①追踪调节效应发生在不同主题的调查中,包括政治参与(Traugott et al.,1979)、消费者行为(Chandon et al.,2004)、健康相关行为(French et al.,2010)等;②追踪调节效应并不总是发生(Mann,2005),对于发生追踪调节效应的条件缺乏基于理论假设的检验(Warren et al.,2012)。相较而言,学术界对 EMA 的追踪调节效应关注较晚,相关的实证研究比较有限(Latner et al.,2002;Helzer et al.,2008;Reynolds et al.,2016)。但是与传统追踪调查研究相似的是,目前的证据表明,EMA 中的追踪调节效应也是时而出现的。研究者呼吁 EMA 研究应该更多地关注潜在的追踪调节效应,尤其是要探索追踪调节效应发生的条件(Barta et al.,2012)。

在不同研究中,提出的可能影响追踪调节效应的因素虽然略有不同(Barta et al.,2012;Ram et al.,2017;Warren et al.,2012),但大致可以分为两类:①与测量目标相关的被试特征,包括被试感知的社会期许程度及其自身改变的动力和自我审视;②研究设计特点,包括测量的密集程度、研究是否给予被试明确的反馈,以及研究是否明确要求被试改变行为等。虽然目前零星存在一些关于追踪调节效应发生条件的假设,但是学术界仍然缺乏一个针对 EMA 追踪调节效应发生机制的理论框架,致使很难进一步对 EMA 的追踪调节效应进行较为全面系统的假设和检验。

对调节效应机制的研究,还受阻于如何区分两种不同性质的追踪调节效应,即调查中的"真实变化"和"纯报告变化"。前者是指在 EMA 研究过程中,被试真实的态度和行为发生了变化。后者是指虽然被试实际的态度和行为没有发生变化,但是他们在 EMA 中报告的态度和行为发生了变化。由于 EMA 研究通常缺乏可靠的外部验证数据,研究者难以区分观察到的变化是"真实变化"还是"纯报告变化",从而影响了进一步分析这两种不同性质追踪调节效应的发生机制。

总体来说,相较于传统的调查和实验方法,EMA 具有很多独特的优势。近年来互联网和移动设备的发展和普及,极大地发挥了 EMA 的研究潜力。目前大量 EMA 研究都采用基于智能手机的数据搜集方法,这种做法具有显著优势。一方面,EMA 可以充分发挥移动网络调查的优势(详见本书第五章)。受访者可以使用智能手机随时随地完成问卷,充分实现 EMA 即时捕捉被试日常生活状态的初衷。另一方面,在搜集自报告数据的基础上,研究者还能通过智能手机搜集多种类型的客观行为数据。如 Faelens 等(2021)在利用问卷搜集被试自尊、情绪等主观报告的数据同时,通过手机软件获得了被试在特定社交媒体平台上的使用时长数据。

虽然使用 EMA 的研究在过去 10 年间快速增多,但是聚焦关注 EMA 数据搜集方法及其数据质量的文献仍然非常有限。对于如何设计和执行 EMA,其中的技术细节以及可能遇到的困难和问题,目前缺乏研究进行详细的描述和讨论。Wrzus 等(2023)对心理学及其他多个学科的 477 篇使用 EMA 的论文进行了元分析,其中包含了 496 个样本。他们总结出了目前 EMA 调查的基本设计特征,具体见表 7-1。但是对第一次使用 EMA 的研究者来说,由于自身经验不足以及在技术细节方面缺乏可参考的文献,仍然存在较高的试错成本。鉴于此,本章的最后一部分将详细介绍笔者在国内进行的一项 EMA 调查,向读者呈现 EMA 研究数据搜集的不同阶段,以及关于 EMA 数据质量的一些初步研究发现,以此为未来 EMA 研究的设计,尤其是立足于中国场景下的 EMA 研究,提供有价值的借鉴和依据。

表 7-1　目前 EMA 调查的基本设计特征

变量	平均值	标准差	中位数(范围)
研究持续天数/天	12.4	16.4	7(2—180)
每日设置调查份数/份	6.5	5.0	6(1.7—81)
调查间隔时间/分钟	141.1	89.6	120(15—720)
实际调查完成总份数/份	51.1	45.3	39.9(2.4—455)
被试奖励总金额/美元	96.5	179.6	50(5—2310)
样本量	136.6	176.0	87.5(4—2001)

资料来源:Wrzus 等(2023)。

第三节　EMA 研究案例

(一)研究背景

在过去 10 年间,人们在社交媒体上花费的时间急剧增加。与此同时,社交媒体对心理健康的潜在影响,尤其是对青少年(13—17 岁)和刚迈入成年的青年人群的影响,越来越受到学术界和社会的广泛关注。目前在这一领域的研究中,至少存在两方面问题。一方面,目前研究对社交媒体使用的刻画过于简化。大多数研究聚焦在总体(或者单个社交媒体平台)的使用时长或者频率上,对如何使用社交媒体关注得比较少,如对用户使用社交媒体的情境、用户在社交媒体上接触的具体内容,以及用户在社交媒体上与他人连接和互动的类型等的关注相对不多。这种对社交媒体使用的笼统描述,无法反映出目前社交媒体类型和使用方式的多样性,无法有效地区分社交媒体使用对用户心理健康潜在的正面和负面影响。另一方面,目前绝大多数关于社交媒体使用对心理健康影响的研究数据来自单个时间点的截面调查,难以明确因果关系的方向。例如,一些社交媒体的使用可能会产生社会比较,从而降低自尊水平。但是也有可能是自尊水平低的人在使用社交媒体时,容易进行更多的社会比较。

此外,这些截面研究通常询问的是一段时期内受访者的社交媒体使用情况和心理状况。由于社交媒体使用本身具有碎片化的特征,心理状况可能随时间波动,因此对这些经历在记忆中提取准确的信息并且进行判断并不是一件容易的事情。在实际的研究中,虽然大多数受访者可以提供一个回答,但他们很有可能采用"满意"策略给出一个看似合适的回答,这些回答的质量可能是不可靠的。为了能够更好地探索社交媒体使用对心理健康的影响,我们使用 EMA 跟踪线上和线下行为在不同时间的变化,研究它们彼此之间可能存在的相互作用和对心理健康的影响,以及这些过程中的个体间差异和与所使用社交媒体平台的关系。

(二) EMA 设计

具体的 EMA 研究,分为基线调查和 EMA 问卷两部分内容。基线调查主要包括被试的社会人口学基本特征,过去一周里平均每天使用社交媒体的情况,过去一两个星期内与心理健康相关的一些心理因素的水平(比如,积极/消极情绪、自尊、孤独感和社会联系等)。在设计 EMA 问卷部分时,考虑到以往研究推荐每个被试需要至少重复测量 50-100 次,并且大多数发表的 EMA 研究的整体依从性在 80% 左右(Wrzus et al.,2023),我们计划发放约 100 次 EMA 问卷,目标测量总次数为 70 次。就问卷的发放而言,如果天数过长,被试由于生活状态发生变化可能难以坚持;如果测量频率过密,可能对被试的日常生活产生较大的干扰。在进行测量天数和每日测量频率之间的权衡后,我们将 EMA 问卷设计为连续 21 天,每天向被试发放 5 次问卷,时间分别为 10:00、12:30、16:00、18:00、22:00。

每次问卷开放时长为 30 分钟。如对于 10:00 的问卷,被试可以在 10:00—10:30 之间进入系统填写。EMA 问卷的题目,主要包括两种类型:一种是行为问题,关于被试在过去一个小时内的多种线上和线下活动以及对应的时长;另一种类型主要测量被试在过去一小时内的多种心理活动,包括正面和负面的情绪、线上和线下的社会比较、自尊、孤独感等内容。每天 5 个时间段的问卷问题基本相同,其中题目总数为 20-28 道,10:00 的问卷有额外一道关于前一晚睡眠时长的问题。被试完成一份 EMA 问卷后,会获得 2 元的报酬。我们还尝试随机选取一部分被试,当他们完成 1 天 5 份问卷后,提供额外 5 元的奖励,发现一些初步的证据表明额外的奖励可以进一步提升依从性。以下报告的结果是基于整体数据的分析,没有进一步考虑额外奖励所带来的影响。

1. 样本与招募

研究采用便利抽样法,在研究人员所在大学的校内社交媒体平台上发布研究信息,计划招募 100 名在校学生(男女各 50 名)。招募信息描述了研究的目的,被试的任务和预期报酬的情况(具体的报酬与完成问卷数量有关);并请有意向参与研究的学生填写了一份简短的问卷,主要包括性别和微信号,用于后续与他们取得联系。

2. 问卷搜集平台

我们使用传统的网络问卷平台制作基线问卷和 EMA 问卷。完成基线调查以后,被试开始进入 EMA 调查环节。在这一环节中,被试使用的是一个为本研究定制的微信小程序,其主要界面如图 7-1 所示。微信小

图 7-1 EMA 调查的小程序界面

程序主要包含两个部分的内容。第一,研究的知情同意书,包括研究的目的、任务和报酬,以及被试可以随时退出研究并要求研究者删除其数据的权利。被试需要在这一步,明确表示已经阅读了知情同意书,只有同意参加本研究后,才可正式开始 EMA 研究。第二,主界面的上方包含了截至目前所有 EMA 问卷的执行情况,其中包括被试已经完成的问卷数量、已经错过的问卷数量、还需填写的问卷数量和当前累计获得的报酬金额。在主界面的下方,呈现的是每日 5 份 EMA 问卷的图标。被试可以在对应的时间区间内(如早上 10 点到 10 点半)点击图标,进入对应的网络调查问卷页面开始填写问卷。此外,小程序上问卷对应的图标通过颜色和文字提示被试这份问卷当前的状态,分别为"还未开始""可以填写"以及"结束"。每日在问卷可以开始填写的时间点,会通过微信私信的方式提醒被试可以进入小程序填写问卷。如果被试在参与研究中遇到技术或者其他问题,也可以通过微信私信的方式与研究团队取得联系。

3.数据搜集过程

在发布招募信息后的约一个月内,有 235 名学生报名参与研究。其中,男女比例约为 1∶3,报名参与研究的女生数量明显高于男生,这与以往在校内招募学生参与研究的情况相似。在报名的学生中,102 名学生完成了基线调查并且成功激活了小程序,所有学生都至少完成了一份 EMA 问卷。在这 102 名学生中,总体依从性(即问卷总体的回复率)达到 77%,约 80% 的参与者至少完成了 60 份问卷(共 105 份问卷),只有极少数参与者在 EMA 刚开始的几天完成了几份问卷之后就再没有参与过调查。

除了参与者的回复水平具有差异以外,研究发现 EMA 问卷的回复率与问卷在一天中发放的时间段以及 EMA 研究进行的天数有关。如图 7-2 所示,在一天中的 5 个时间段,22∶00 的问卷的整体回复率最高,12∶30 和 18∶00 的问卷的回复率相对略低。相对于一天内的回复率的波动,回复率随着 EMA 进行天数的增加有更加明显的降低趋势。如图 7-3 所示,第一周回复率为 83%,第二周降至 78%,第三周进一步降至 71%。

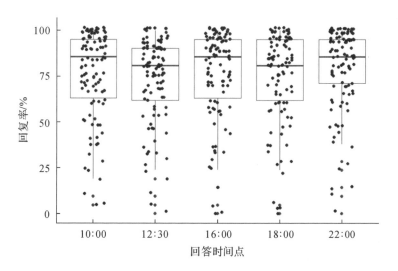

图 7-2　EMA 调查问卷设置时间点与受访者回复率

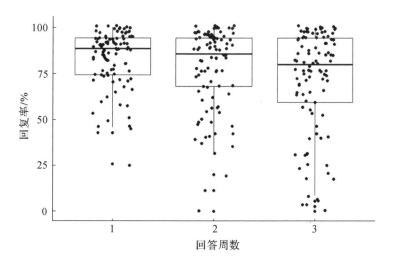

图 7-3　EMA 调查研究进行天数与受访者回复率

　　与此同时,近 8 成参与者每天都至少回复了一份问卷。少数参与者会在研究进行期间偶尔缺席 1—2 天之后再度返回研究继续完成问卷,这可以被看成是一种暂时的"休息"。研究发现,对于那些中途缺席了 3—4 天的参与者,他们再次返回研究完成后续调查的比例比较低。在为期 21 天的 EMA 问卷结束后,我们选取部分参与者进行了进一步的访谈,询问他们参与研究的体验和动机。所有参与访谈的学生均表示参与 EMA 研究的主要动机是报酬金额较高，且相对于高额奖励，完成任务并不复杂。同时，也有学生提到 EMA 这种研究形式比较有意思，或者自己本身也想记录一下平时的生活状态和心情变化。大多数学生认为每份问卷填答时长较短、负担较轻，在奖励的刺激下基本可以坚持完成 21 天回答问卷的任务；也有学生反映随着研究的持续进行，越往后越容易感到难以坚持或不耐烦。有个别学生还表示"因为中间错过了一些问卷，后面就不想填了"，这意味着让参与者形成持续按时完成调查的习惯对提高回复率非常重要。有些参与者提到会设定闹铃提醒自己及时回复问卷，多数参与者主要依靠研究人员发送的定时提醒。

（三）EMA 数据质量

为了对 EMA 的数据质量进行分析，我们主要选取了下列指标。一是一份问卷的回复时长。二是矩阵题的直线作答，即针对一个矩阵题里的所有题项，参与者都选择一样的选项。三是筛选题里回答"0"，即问卷里的一些题目设置了跳转逻辑，若这些题目的回答是"0"，则可以跳过相关的后续追问。如参与者在过去一个小时内花在电子游戏上的时长如果为"0"，就可以跳过后续与电子游戏相关的题目。四是参照效应，即对于同一道题，在同一天内，参与者第二次的答案和第一次相同。五是睡眠时长问题，即是否保留小数。

通过使用多层回归模型（multilevel regression model），研究发现上述数据质量指标均与研究进行的天数显著相关。随着研究的推进，问卷回复时长显著降低，受访者回复越来越快；受访者采取直线作答的概率显著上升，在矩阵问题中给出无差异化回答的概率大幅提升；受访者更可能在筛选题中回答"0"；受访者出现参照效应的概率显著上升，即同一天第二次回答和第一次回答一样的比例更高；睡眠时长问题保留小数的概率显著降低。这些指标都表明，EMA 研究的回复质量随着研究持续天数的增加而下降。此外,女性受访者在回复时长方面显著高于男性受访者,但在其他指标中没有明显的性别差异。

(四)问题与改进

相对于传统的一次性的截面调查,EMA调查的执行过程更加复杂,需要对同一对象进行反复多次测量(一般为50—100次)。从实际操作角度来看,对于采用怎样的软件/平台实现EMA的数据搜集,不同的研究采用的思路不同。如Faelens等(2021)通过发送手机短信的方式,在每天不同的时间段给参与者发送网络调查的链接。每个参与者收到的网页链接不同(虽然问卷内容相同),以区分不同的参与者,进而把参与者与其在不同时间完成的问卷数据进行匹配。对于大多数既有的网络问卷平台而言,把同一份问卷生成不同的网页链接需要通过手动复制来完成。在EMA调查研究中,被试数量通常为100人或者数百人。如何便捷地生成大量的不同网页链接,并将其精准地发送给相关被试,目前的网络调查平台没有现成的解决方案。此外,国内的研究需要注意到,在微信已经基本代替短信成为日常沟通主要工具的背景下,除了接收验证码,人们可能很少主动关注短信。国内用户可能不习惯主动查阅手机短信,以及大规模群发的手机短信可能会被当成垃圾信息被用户的手机直接屏蔽。因此,用短信发放网络问卷在国内的可行性具有不确定性。EMA调查研究的问卷有较强的即时性,通常需要参与者在收到问卷后的一定时间内完成,要求问卷链接能够及时有效地触达参与者。EMA所具有的这种特征,进一步地增加了短信方式的不确定性。

我们的研究在设计具体的数据搜集方案时,主要从被试的体验出发,试图通过智能手机上的应用程序,让用户在一个小程序中尽可能地完成所有与研究相关的操作。这些操作具体包括填写问卷、查看奖励,以及回顾自己已经完成调查的情况等。我们比较了独立手机应用软件和微信小程序,发现前者需要针对不同的手机系统提供不同的版本,并且对于App

开发者来说,给苹果手机用户提供 App 所需的审批流程也比较复杂。在综合考虑后,我们决定选择使用微信小程序来实现 EMA 调查研究的主要功能。然而在实际开发测试过程中,我们发现通过微信小程序直接向被试发送消息和向被试发放报酬存在一定限制。最终我们只能通过研究人员每天定时向受访者发微信消息的方式提醒他们参与调查,并在研究结束后通过微信转账发放最终的现金奖励。微信小程序的这种限制,给研究的管理和执行造成了很多阻碍,实际上也削弱了使用微信小程序完成 EMA 调查研究的优势。

我们采用既有的网络问卷平台制作问卷,而没有自主开发设计问卷部分。这主要是考虑到现有平台在问卷制作上已经比较成熟,尤其是可以比较好地解决问卷在不同型号手机上的适配性。但如果需要在微信小程序中打开外部链接,必须申请企业小程序才能配置业务域名。在配置成功后,被试在小程序里点击一份问卷,小程序会自动跳转到网络调查平台。被试填写完问卷以后,网络调查平台会将被试完成这份问卷的状态反馈给微信小程序。在收到这样的信息后,小程序的界面会相应地更新问卷完成状态和累计奖励的信息。然而在后期的大规模数据搜集过程中,我们发现微信小程序和外部网络调查平台之间的沟通,在少数情况下可能出现滞后情况。这种情况的出现,导致小程序没能及时收到用户已经完成调查的状态。小程序的界面没有相应的信息更新,使得一些参与者以为自己没有提交成功,再次填写了一遍问卷。由于这种不同平台间的数据沟通滞后问题并不频繁发生,我们在多次的小样本测试中未能发现并解决这个问题。

第八章 问卷调查发展与大数据的兴起

调查方法的发展,与科学技术和社会变迁存在紧密联系。传统调查方法回复率不断下降是一个世界性趋势。相对于传统的调查方法,伴随着日益数字化的生活而产生的各种类型的大数据,提供了关于人们日常行为活动的丰富信息,如消费行为、手机使用、媒体浏览内容、运动情况、作息时间等。大数据的定义是复杂且不断变化的,具有多种类型和特征。对社会科学领域的研究而言,大数据发挥着越来越重要的作用,与传统的研究方法具有相互补充的巨大潜力(Callegaro et al.,2018;Eck et al.,2021)。本章将对大数据与传统调查方法的融合进行介绍。

第一节 调查模式的发展演变

(一)不同调查模式的发展变化

问卷调查是社会各个领域获得信息的重要途径,同时也是社会科学领域的重要研究工具。随着科学技术与社会经济的不断发展,问卷调查的模式和方法也在进行着相适应的变化。调查领域出现的这种变化,在调查模式(survey mode)的演变中有着集中的体现。在传统的调查模式中,面对面访问(简称"面访")、电话调查和邮寄调查的历史更长,对于这些调查模式的比较研究可以追溯到 20 世纪中期(Hochstim,1967;Larsen,1952)。

在各种调查模式中,面访一直被认为是数据质量最高的一种调查模式,国内外很多大型调查采用的都是面对面访问。20 世纪末以来,计算机辅助访问(computer-assisted interviewing)系统诞生并不断优化。该系统通过从电脑屏幕上读取问题,使用触屏输入、语音识别等多种技术手段,由访员或受访者直接将回答输入电脑,大大提高了传统调查的效率。计算机辅助访问系统的使用,对调查数据的质量产生了积极影响。一方面,电子化问卷可以预先设置问题之间的逻辑,提供自动的逻辑跳转,并且检查答案是否符合要求。如在应该填写出生年份时,避免由于错误操作而填成年龄。这种技术的使用,很大程度上减少了访员或受访者操作不当导致的输入错误,同时降低了题项无应答率。对于问卷中比较敏感的题目,受访者可以自行在电脑上完成这部分问题,同样有助于研究者获得更加真实的回答。另一方面,计算机辅助访问系统还能额外提供关于访谈进行过程的数据,如并行数据、回复时长、访员的观察。此外,还有多种质量控制手段支持数据校验和分析等,为传统调查方法注入了新的动力(Baker,1992;De Leeuw et al.,1995)。近几年来,越来越多的研究探索通过视频会议软件进行线上的面对面访问,尤其是用于定性研究的深度访谈和焦点小组(Gray et al.,2020;Archibald et al.,2019)。

随着通信技术的发展和人们使用习惯的变化,电话调查方法在过去几十年间也经历了变革。以美国为例,随着固定电话在美国家庭中的普及,基于固定电话的调查在 20 世纪后期成为一种重要的调查模式。这个时期也涌现出一系列关于固定电话调查的方法研究,具体包括如何提高调查应答率、如何减小调查中的访员效应、如何评价各种抽样方法的优劣等问题(Groves,1990;Lavrakas,1987;Groves et al.,1986)。从 21 世纪初开始,随着移动电话普及率的不断上升,美国家庭固定电话的普及率开始出现下降的趋势,有些家庭甚至只有移动电话(cell-only household)。根据2022年美国国家健康访谈调查(National Health Interview Survey,MHIS)的数据,72.6%的成年人只有手机而没有固定电话(Dam,2023)。研究发现,这些只有手机的家庭与有固定电话的家庭在一些社会人口学特征上存在显著差别(Keeter et al.,2007;Tucker et al.,2007;Hu et al.,2011)。受上述变化的影响,美国的电话调查从单一的固定电话抽样转向了基于固定电话和移动电话的双样本框(dual-frame)。由于在双样本框中固定电话和移动电话的使用情况影响了一个人被抽中的概率,这一时期电话调查的研究主要关注在双样本框中的抽样设计和加权方法(Lee et al.,2010;Brick et al.,2006;Kennedy,2007)。

在北美和一些欧洲国家,邮寄调查在2000年以后再次兴起。这种情况的出现,同样与技术的发展存在紧密联系。从20世纪90年代初期开始,美国邮政署(United States Postal Services,USPS)把住户的地址信息(其中部分地址还包含住户的姓名和其他相关信息)进行了电子化并且授权第三方进行商业开发,为调查机构向这些商业机构购买地址信息并用于抽样提供了便利。由于上述信息具有部分匹配的个人信息,为更加有效地抽样和发放问卷创造了条件。这一举措给邮寄调查提供了可靠和低成本的抽样框,使得邮寄调查不再需要人工实地核实构建抽样框这一环节,进一步降低了邮寄调查的成本,使得邮寄调查同时具有高覆盖和低成本的特点。此外,近年来国外越来越多的大型调查机构尝试采用邮寄邀请与网络填答相结合的模式,用于替代传统的入户访问或者电话调查(Olson et al.,2021)。

相对于面对面访问、电话调查与邮寄调查,网络调查是一种较新的调查模式,具有成本低、回收速度快等优势。在2000年后,受到互联网快速普及的影响,网络调查逐渐成为使用范围非常广的一种调查模式。在2010年后,移动网络调查开始兴起,如何使网络问卷的设计适宜这种新的上网模式(如碎片化的时间、随时随地的特点)和移动设备的特点(尤其是智能手机的屏幕尺寸)成为当时网络调查的一个重要研究方向(详见本书第五章)。而在 2020 年前后,随着移动通信技术的发展和智能手机的进一步普及,以及传感器微型化推动的健身和医疗领域智能可穿戴设备的发展等,基于移动设备的被动数据开始受到研究者的关注(详见本书第六章)。

伴随着科技和社会的发展变化,调查方法也需要不断适应和更新。在这个发展过程中,尽管抽样框可能会发生变化,受访者填写问卷主要使用的设备可能发生变化,访员和受访者的沟通方式可能从真实的面对面交流变成线上交流,甚至未来会通过各自的虚拟形象进行互动,但是这些变化都没有打破调查的基本设计原则和流程。调查方法领域的经典理论,特别是调查不同阶段产生误差的总调查误差框架仍然适用于这些新的调查方法。

(二)调查面临回复率下降的挑战

调查无回复是调查误差的一个重要来源,也是影响调查数据代表性的一个重要因素。无回复又可以进一步分为单位无回复和题项无回复,其中前者指一个样本中有部分抽样单位,如人、户或单位组织,虽然被抽中但是没有回复调查;后者指完成调查的受访者中有部分没有回答某道题。一个统计量的无回复偏差(即无回复导致的调查结果与真实情况出现的偏离),不仅与这个调查的回复率有关,也与在这道题目上回复调查和没有回复调查的人的差异程度有关。如抽样调查对平均收入的无回复偏差,受调查回复率的影响,也与样本中回复调查的人的平均收入与未回复调查的人的平均收入的差值有关。Groves 等(2008)从实证的角度,利用外部数据计算了不同调查中多道问卷题目对应统计结果的无回复偏差,进一步证实了调查的回复率和调查中具体问题对应统计量的无回复偏差之间不存在简单的线性关系。也就是说,无回复偏差不完全由回复率决定。对于同一个调查,不同题目的无回复偏差可能不同。

调查的回复率不能完全决定无回复偏差,也不是衡量调查数据质量的一个绝对标准。实际上,并不存在回复率低于多少调查数据就不可靠这种说法。同样,我们也很难说回复率高于多少调查结果才可靠。但与此同时,回复率仍然是影响调查回复误差的一个重要因素。一般来说,调查的回复率越低,产生无回复偏差的可能性越大。此外,由于回复率易于计算和解读,回复率仍然是调查数据搜集中人们非常关注的一个指标。

特定调查的回复率可能与调查本身的诸多特征有关,如目标访问对象、问卷内容和长度、调查模式、奖励等影响因素。调查整体的回复率可以反映一个社会对参与调查的兴趣和态度。在过去几十年间,不同国家的调查机构都面临一个共同的挑战——回复率持续下降。在美国,调查回复率逐年降低的趋势,至少从 20 世纪 70 年代就开始出现了。美国密歇根大学调查研究中心的消费者态度调查(Survey of Consumer Attitudes,SCA)从 1978 年开始,通过电话调查的方式每月向随机抽取的美国人询问他们的经济状况和对经济的看法,在这个调查基础上构建的消费者信心指数是美国经济学领域的一个重要指标。Curtin 等(2005),对 SCA 从 1979—2003 年的回复率趋势进行了分析。他们把电话调查的无回复划分为无应答和拒绝参加两个部分,无应答率和拒绝率都在逐年递增。无应答率与拒绝率的相对变化趋势在 1996 年前后发生了转变,在1996 年之前无回复的增加主要来自无应答的增加,而在 1997—2003 年间无回复更加明显的增加主要是由于拒绝参加的上升。可能是公众收到了越来越多的营销电话和调查电话,最终导致 SCA 调查无应答率和拒绝率的上升。

除了美国,这一时期调查回复率下降的趋势也出现在其他欧美发达国家。De Leeuw 等(2002)分析了欧洲和北美 16 个国家这一时期政府调查的回复情况,发现各个国家的调查回复率都在降低。其中,不同国家的政府调查的无应答率指标逐年增长的速度没有差别,但拒绝率指标的增长速度存在差异。Brick 等(2013)分析了 1996—2007 年美国四个大型调查的回复率,其中两个是电话调查,两个是入户调查。不同调查的回复率虽然具有不同的水平,但整体上都呈现出逐年下降的趋势。他们的研究同时发现,无论是入户调查还是电话调查,拒绝参加都构成了无回复的主要原因。

在 Brick 等(2013)的基础上,Williams 等(2018)分析了美国 9 个大型入户调查在 2000—2014 年的回复情况。这个时间范围既是入户调查采用计算机辅助系统电子化的过程,又是社会范围内科技迅速发展的时期。所选取的 9 个调查项目分别由政府、学界和商业机构完成,调查内容以健康为主,同时包含经济、犯罪和社会态度等方面。整体而言,上述调查的无回复都有增加的趋势。2000 年,大多数调查的回复率都在 80% 以上。而到了 2014 年,只有一个调查的回复率超过 80%。自 2006 年以来,这种无回复增加的现象呈现不断加剧的趋势。Koen 等(2018)对同一时期 7 轮欧洲社会调查(European Social Survey,简称 ESS)的结果进行了分析,同样发现回复率整体上呈现下降的趋势。特别是在最近一轮的调查中,回复率有明显的降低。在调查回复水平不断下降的趋势下,调查机构为确保调查成功所需要付出的努力在逐年增加,如提供激励、进行更多次数的上门调查等(Koen et al.,2018;Williams et al.,2018),这意味着如果调查机构没有采取这些降低无回复的措施,无回复的增加趋势可能会比实际观察到的情况更加严重。

综上所述,欧美发达国家调查回复率下降的趋势已经持续了 40 余年。与入户访问相比,电话调查回复率下降的趋势表现得更为明显。调查回复率的下降意味着获得一次成功访问的成本在升高,无回复导致调查统计结果产生偏差的可能性增加。皮尤研究中心分析了其在 1997—2016 年进行的电话调查的回复率,并将这些调查的结果与回复率更高的入户访问进行了比较。在这一时期,皮尤研究中心的电话调查回复率从 36% 降到了 10% 以下。在 2012 年以后,则稳定在 9% 的水平。然而与美国劳工统计局的大型入户调查"当前人口调查"(Current Population Survey,CPS)相比,在对关键的人口学变量进行加权后,皮尤研究中心的电话调查在生活方式、背景特征等方面的统计结果都和 CPS 的数据比较接近(Keeter et al.,2017)。

如同 Keeter 等(2017)的研究所表明的,低回复率不一定意味着调查结果存在较大的无回复偏差。但是,低回复率确实给调查执行的能力和专业性提出了更多的要求和挑战。在低回复率的情况下,需要调查机构正确评估无回复的原因,采取有效策略提升回复率,并在调查的后期恰当运用统计学方法纠正可能存在的无回复偏差。然而在现实的调查设计中,很多调查机构并不具备足够的技术能力,难以满足上述要求。如在2016 年美国总统大选中,民调机构普遍性的错误预测使得很多人得出了"调查已经不行了"的结论。然而 Kennedy 等(2017)的分析结果表明,2016 年民调预测失败的主要原因是很多民调机构没有在州的层面对受访者的人口特征(特别是受教育程度)做统计校正。由于受教育程度高的选民更加容易回复调查,且更倾向于支持希拉里,最终民调预测希拉里获胜的可能性比实际的要大。

第二节　大数据的基本特征

(一)大数据的兴起

在过去几十年间,问卷调查一直都是国内外量化研究主要依赖的数据来源。大数据的出现打破了这个局面,给学术界、政府和商业机构提供了更加丰富的数据来源,被认为具有革命性的意义(Lohr,2012)。从大数据的表述出现以来,它的定义和使用一直具有模糊性。不同学科领域对于怎样的数据属于大数据,往往具有不同的看法。在调查方法学的视域下,大数据也被称为"找到的"(found)数据或者"有机的"(organic)数据(Groves,2011)。调查方法学领域对于大数据的这种描述,旨在强调这种数据类型与传统调查数据的区别。调查数据是研究者根据研究问题设计和制造出来的;而大数据是本来就存在的,其存在的原因和研究目的无关。

　　调查领域常见的大数据类型,包括但不限于社交媒体数据、搜索引擎数据、网络抓取的数据、交易数据、感应/信号数据以及行政数据。如图8-1所示,百度指数的搜索引擎数据是大数据应用的一个典型案例,该指数是在百度海量网民行为数据的基础上形成的,能够用于研究关键词搜索趋势、洞察网民需求变化、监测媒体舆情趋势、定位数字消费者特征等。行政数据是在行政活动中产生的数据,如个人申报所得税中包含的个人收入数据、与领取失业补助相关的失业数据,以及相关机构由于行政事务采集的个人住所登记信息等内容。调查方法领域对行政数据的研究是一个独立的分支,其数据形式相对于网络数据也更加具有结构性。常见关于行政数据的研究包括利用行政数据辅助抽样设计,通过行政数据替代部分主观报告,利用行政数据评估调查的质量(Groves et al.,2008),以及如何获得受访者的同意将他们的行政数据与调查数据在个人层面进行链接(Sakshaug et al.,2012)等内容。

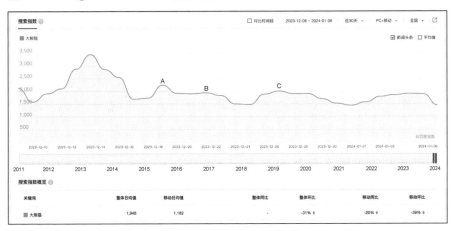

图 8-1　百度指数

　　对于大数据特点的描述,早期引用最广泛以及讨论最多的是 Laney(2001)的 3 个 V,即 volume(数据体量大)、velocity(数据产生和搜集高速)和 variety(数据形态多样)。在大数据热潮兴起之后,学术界从数据质量的角度,对大数据的特点进行了更加深入的讨论。相较于对调查方法和调查数据误差的研究,对大数据产生的过程及其误差来源的讨论相对有限。Japec 等(2015)将大数据的产生过程分为三个阶段,其中第一阶段是产生,第二阶段是提取、转化和存储,第三阶段是分析,具体包含过滤、简化、计算以及可视化等内容。第一阶段与调查数据的搜集阶段具有相似之处,这一阶段的误差主要是由于非随机性、自我选择、数据缺失等原因使得产生的数据不能很好地代表目标群体。第二阶段类似于调查数据的处理阶段,这一阶段可能产生的误差包括匹配误差、编码误差、编辑误差、数据整合误差等形式。第三阶段产生误差的风险主要来自数据中的噪声积累、伪相关关系、高维度下的偶然内生性(Fan et al.,2014)等。

传统调查方法的优势在于,研究者可以根据研究问题设计问卷问题和变量,并且对调查误差的理论分析、实证检验及处理方法进行比较系统的研究。相对于调查方法领域的讨论,目前对大数据误差的研究不够系统和全面。其中存在的挑战,主要包括两个方面。一方面,由于大数据本身包含的数据类型非常多样,很难把大数据整体统一在一个理论框架下进行研究,使得对一种数据类型的实证研究在推广到其他类型大数据时存在一定难度。另一方面,研究大数据误差的难点在于大数据生产和分析环节所涉及的过程不透明。这种不透明的出现,至少有两个原因:第一,大数据的生产过程中的一些环节不受研究者的控制。大数据的生产过程是一个十分复杂的过程,由于商业模式的卷入而难以受到研究者的控制。如社交媒体平台上开放给研究者的数据,其中所使用的筛选和抽样方法可能并不完全透明。再如对搜索引擎数据的研究需要了解搜索引擎的算法原理,其中的技术细节通常是研究者难以接触到的。第二,大数据的产生往往与用户行为有关,研究大数据产生的机制需要了解用户的行为动机,而行为动机本身不易于从大数据本身直接反映出来。如对社交媒体数据代表性的研究,不仅需要知道某个社交媒体平台在目标群体的渗透度,还需要对使用行为背后的影响因素进行研究,具体如在什么样的情景下,怎样的使用者愿意点赞、评论和转发。上述机制的出现不仅受到使用者特征的影响,还与具体的媒体内容存在紧密联系。

(二)大数据的代表性与测量效果

在大数据研究中,通常没有抽样的环节,或者大多采用简单随机抽样。例如通过推特(现名"X")官方提供的应用程序编辑接口(application programming interface,API),可以获得推特平台上公开数据的一个小的随机样本,通常被视为简单随机抽样。由于样本量很大,一般研究者很少关注大数据的抽样误差。与此同时,大数据研究也通常不存在无回复的问题,对代表性的讨论主要集中在覆盖误差上。覆盖误差主要关注的是目标人群中多大比例能被大数据覆盖,被覆盖的群体和没有被覆盖的群体在关键的研究变量上是否存在系统性的差异。

依据覆盖性所表现出来的特点,可将常见的大数据分为三种不同的类型。

第一,与生产生活相关的工具平台上的使用数据。如在线上直播平台上,有很多关于用户使用的数据,具体包括哪些用户参与直播、其观看的时长、用户与主播的互动情况等。利用这些数据,可以分析用户的直播体验以及产生的效果。如在直播购物的场景下,可以分析直播体验与购物行为的关系;在直播教育场景下,可以分析学生的观看行为与学习效果的关系等。虽然大数据的产生和研究目的无关,但在上述的现实场景下,如果研究对象就是这些工具平台的使用者,大数据具有非常好的代表性。

第二,社交媒体平台数据。社交媒体平台种类多样,其用户的特征也存在较大差别,社交媒体数据的代表性取决于研究的目标人群与社交媒体用户这两个群体之间的关系。一般而言,研究关注社会整体,而使用社交媒体的用户是其中的一个子集。如果二者在旨在测量的关键变量上存在系统性的差异,基于社交媒体数据的分析很可能会产生偏差。

第三,用户自愿贡献的产品信息或评价的平台系统,如国内外对影视产品(豆瓣、IMDb)、旅游(携程、Tripadvisor)、餐饮(大众点评、Yelp)等不同领域进行评价的平台。由于这类数据是用户主动贡献的,其代表性可能受到用户关注度及填写动机的影响。如一些不知名的影视作品、旅游景点、餐馆,可能不在数据库中。但是如果这类系统在某一区域的用户规模已经足够庞大,通常认为对于其产品信息至少在这一区域内具有比较好的覆盖性。

整体而言,与传统调查数据的覆盖误差相比,大数据的覆盖误差更加复杂。虽然大数据的覆盖性与目前人群有关(如一个社交媒体平台在目标人群中的渗透率),但也取决于具体用于分析的数据。Diaz 等(2016)在 2012 年美国总统竞选周期内(2012 年 8 月 1 日—11 月 6 日),分析了推特上所有提到"Obama"或"Romney"的推文。分析结果表明,这些推特用户不能代表整体人群(即美国总统选举中所有可以参与投票的选民),且用户在推特上的使用行为随着外部事件的发生而不断变化。如果将社交媒体上对于一个议题的参与人群视为追踪调查的样本,将其对相关具体议题的参与(如发帖、回复、点赞)视为追踪调查中不同时间点的测量,那么这种追踪调查在不同时间点的回复人群可能存在较大差异。因此,同样是对 2012 年美国总统大选相关的推特数据进行分析,如果研究选取的时间范畴、具体的相关事件不一样,提取的社交媒体用户行为数据也可能存在差异,从而导致研究结论的不同。

传统数据的测量效果取决于测量问题的效度和测量误差,其中效度是由研究者的设计决定的,取决于研究者用于测量概念的问题或者量表。测量误差的大小,则可能受到受访者自身、访员、问卷设计、调查模式等一系列因素的影响。大数据不是由研究者设计的数据,而是在日常生产生活中自发产生的。在大数据研究中,没有用于测量的问题和量表这一中间环节,大数据的测量效果取决于实际可用的数据能在多大程度上反映需要测量的概念,如社交媒体上提到一个新上映电影的次数能在多大程度上反映人们对这个电影的关注度。

调查中的数据可以分为客观行为与主观态度两种类型。调查对行为的测量依靠受访者的自我报告,其准确性受到行为特点、是否易于回忆、受访者认真回答的动机等一系列因素的影响。当调查包含大量关于行为的问题时,会给受访者带来较大的填写负担。如消费支出调查通常需要受访者回忆或者记录日常各项消费支出,包括购买商品或服务具体的名称以及相应的数量和价格。受访者需要付出相当大的精力和时间,才能完成调查。大数据记录了人们的很多行为活动,且不受记忆误差的干扰,在测量行为时具有独特优势。如电商平台数据可以反映个人消费支出的状况,且在各自平台内几乎能做到全覆盖。其中存在的局限性主要在于一个平台通常不能全面地反映个人或者家庭的消费支出情况。一个解决办法是,在个人层面上链接不同平台的数据,但数据链接通常需要获得受访者的知情同意(Sakshaug et al.,2014),其中不可避免地会出现部分受访者不同意的情况。如果同意数据链接和不同意的人群具有某种系统性的差异,那么基于最终链接之后的数据分析也可能产生一定程度上的偏差。

在测量主观态度方面,目前的大数据主要有如下几种情况。第一,大数据本身就能提供量化的主观态度数据,不需要额外的分析和解读。如在不同的评价平台上对产品和服务的打分或星级,或社交媒体上对某个内容的点赞量,都直接表现为数量的形式。这种情况的测量效度一般比较高,但在其中仍然可能会出现测量误差。如在用户自主贡献内容的平台上,"水军""打榜"以及或商家为了获得好评而提供优惠奖励等原因,使得用户评价可能偏离真实的情况。第二,需要在文本数据中提取和分析出主观态度并形成定量的数据。如在一些研究中,尝试通过分析用户在社交媒体上发布的消息内容测量人们的主观幸福感,其中的难点主要在数据筛选和数据分析两个方面。关键词是一种常用的数据筛选方法,如在 Diaz 等(2016)对 2012 年美国大选的分析中,将所研究的推特帖子限定在包含"Obama"或"Romney"的推文中。与此同时,也可使用其他更加系统和复杂的筛选方法。如 Yang 等(2016)从生活满意度的经典量表出发,利用众包任务平台(如 Amazon Mechanical Turk)中的"工人",生成了大量与幸福感量表中问题相近的表述。研究者在此基础上形成一系列与生活满意度相关的表述模板,并以此为条件筛选推特上可能与生活满意度相关的推文。

对于大数据文本分析的方法,既可以依据分析目的分为内容和情感两种类型,也可以依据分析方法分成基于字典和数据驱动两种方法。在基于字典的方法中,比较有代表性的是 LIWC(Language Inquiry and Word Count)。LIWC 是一个文本分析软件,其核心是一系列涉及不同领域的字典。每个字典包含相应的单词,一个单词可以出现在多个字典中。如在用于情感分析的负面情绪字典里,包含与负面情绪有关的单词。LIWC 可以基于此字典,计算出每个文本中包含负面情绪单词的比例。在数据驱动的方法中,主要包括有监督的机器学习方法和无监督的机器学习方法(Boumans et al.,2016)。这两种机器学习方法本质上都是一种分类的方法,其区别在于有监督的机器学习对分类有一个正确值(ground truth),通常通过一个含有正确分类标准的训练集训练算法并用于所有数据的分类;而无监督的机器学习对分类不存在一个正确值,其分类结果由算法决定。有监督的机器学习的一个例子是基于文本数据特征推断作者的性别(Mukherjee et al.,2010),无监督的机器学习的一个例子是新闻或者社交媒体话题的分类(Roberts et al.,2014)。基于字典和数据驱动方法的主要优势在于可以实现对文本的自动分析,方便处理大量的数据,而研究者的主要顾虑在于自动分析中可能存在的误差。比如基于字典的方法较难理解嘲讽和类比,同时字典通常不包含词汇的新用法和新兴词汇;而对于数据驱动的方法,主要的缺点在于模型缺乏一般性和理论性。

第三节　大数据与传统调查的比较和融合

(一)大数据与调查方法的比较:以幸福感研究为例

本节将以主观幸福感为例,分别从代表性和测量效果两个方面,分析基于调查数据和社交媒体数据对幸福感研究的差异。在主观幸福感领域的研究中,长期以来主要依赖人们在调查问卷中的自我报告。在进行总体推断时,研究一般使用基于概率抽样的样本,如试图通过概率抽样调查反映一个国家整体主观幸福感的水平。在中国,对主观幸福感的研究主要依赖于北京大学开展的中国家庭追踪调查、中国人民大学的中国综合社会调查等全国大型调查的数据。这些大型调查一般采用多阶段分层的抽样方法,分别在区/县、街道、户的层面逐级随机抽样。其中,在区/县层面会采用分层或者隐含分层的抽样设计,使得样本中的区/县在经济发展水平等关键维度上对全国总体的区/县具有较强的代表性。

主观幸福感主要包含两种类型:一是从认知角度出发对生活进行的评价;二是从情感的角度出发,关注日常生活中的情感经历(Diener et al.,2018)。在问卷中,研究者通过不同的问题来测量这两种类型的主观幸福感。认知评价型的主观幸福感主要通过生活满意度来测量,如"总的来说,您对您的生活满意吗?"有时除了生活总体的满意度之外,问卷也可能会问及收入、健康、与家人和朋友的关系等对生活不同方面的评价。对于情感体验型幸福感,问卷问题通常会涉及受访者当下的情感状态,如"总的来说,您觉得这一天过得有多开心?"有时还会问及日常生活具体活动中的情感经历,如做家务、吃饭、上班路上、照顾小孩时的情绪感受等内容(Kahneman et al.,2004)。在对主观幸福感的研究中,这些用于测量幸福感问题的信度和效度是一个重要的领域。

伴随着大数据的兴起,学术界开始尝试使用各种类型的社交媒体数据来对主观幸福感进行研究。Golder 等(2011)开展了早期具有代表性的一项研究,他们分析了 2008—2010 年推特上包含多个国家 240 万用户的 5 亿多条推文。他们利用 LIWC 软件分析每日推文的正面情感与负面情感,并分析了情感在一天内、一周内以及不同季节间的变化趋势。通过如此大量(包含不同国家、地区和人口特征群体)和细颗粒(具体到小时)的数据,研究发现推特数据反映的情感变化符合与日照和睡眠相关的生物学解释。同样与预期相符的是,人们在周末的时候更加开心。近年,Zheng 等(2019)对新浪微博上的帖子进行了情感分析,并以此作为衡量幸福感的指标,通过分析 2014 年覆盖 144 个中国城市的 2.1 亿条新浪微博文本以及发帖当日的当地空气质量数据,研究了空气污染与幸福感的关系。该研究发现,在控制了其他相关变量后,每当 PM2.5 值上升一个标准差,人们的幸福感就会下降 0.04 个标准差。

与此同时,也有研究通过分析社交媒体上的语言表达分析生活满意度。Yang 等(2016)以经典的生活满意度量表(Diener et al.,1985)为基础,衍生出一系列明确包含自我指代的关于生活满意度的表述。由此可以在推特上搜索能反映生活满意度的推文,把推特用户分为生活满意与不满意两个组别。Kramer(2010)基于脸书(Facebook)用户状态更新中包含的正向情感和负向情感词语,建立了一个国民幸福总指数(Gross National Happiness Index)。该指数的波动趋势与预期相符,呈现出在节假日时最高的特点。Wang 等(2014)分析了脸书 myPersonality 小程序中用户自我报告的生活满意度,与 Kramer(2010)建立的国民幸福总指数进行比较,发现二者之间没有显著的相关性。这可能是由于,这个研究中自我报告生活满意度的用户数量比较少(平均每天 34 名用户),使得基于这些用户的调查数据不具有代表性,与基于脸书用户的国民幸福总指数相关性弱。Liu 等(2015)将脸书 myPersonality 小程序中 3000 多名用户自我报告的生活满意度,与其在之前一年内在脸书上的状态更新中包含的正向情感和负向情感词语进行了比较。研究发现,自我报告的幸福感和脸书状态更新中的正向情感词汇之间没有显著相关性,和负向词汇之间具有显著负相关,但是相关的程度依然不高(相关系数绝对值小于0.2)。

整体而言,在对情感测量的过程中,社交媒体数据的代表性和测量效果具有很大的不确定性。一个社交媒体平台的使用者是动态变化的,使用者具体的使用行为也可能随时间变化,这些都会影响数据的代表性。社交媒体疲劳(social media fatigue)的出现,意味着社交媒体的使用行为在发生改变。其中,分享、点赞、评论等用户行为的变化会对基于社交媒体的研究产生重要影响。与此同时,不同用户在社交媒体上表达正面和负面情绪的倾向是不同的,而且存在平台间的差异(Lin et al.,2014)。社交媒体平台在数据体量巨大的同时,也存在部分数据缺失的问题。一方面是个体层面的缺失,即目标群体中可能有部分人不再使用当前的社交媒体平台。另一方面,在情感经历层面上,与一个人实际的情感经历相比,一个人在社交媒体上呈现的自己的情感经历也很可能存在缺失。如果上述两个层面的缺失不是随机的,那么基于社交媒体的情感数据即便体量很大,其代表性也可能无法保证。

从测量角度来说,使用社交媒体数据分析人们的情感也存在一系列的问题。目前在基于社交媒体数据的幸福感研究中,对测量效度的评估主要有两种方式。一方面,判断社交媒体的分析结果是否符合一些预期规律,如基于社交媒体数据的情感分析能够在整体层面揭示时间周期变化等与预期相符的情感变化的规律。另一方面,比较社交媒体数据和自我报告的主观幸福感数据。如前所述目前的研究比较有限,且结论并不一致。此外,大数据与传统的调查方法在分析过程中也存在一个重要区别。对于传统调查而言,测量先于分析,分析是独立于测量的步骤。对于大数据方法而言,测量有些时候包括分析,分析方法的可靠性也会影响测量结果。如对社交媒体文本数据的情感分析,本身就是一个测量的过程。在这种情况下,测量的效度与分析方法有关,一些分析方法可能导致测量误差和偏差的增加。

(二)传统网络调查数据与大数据的融合趋势

相对于传统的调查数据,由于大数据种类与分析方法的多样性,目前对大数据误差的研究比较有限且尚未形成统一的理论体系和研究框架。未来随着数据科学的不断发展,大数据将成为更加重要的研究工具。关于大数据在方法层面的研究,也会成为大数据研究的重要领域。

随着数据来源的日益丰富,如何恰当运用不同来源的数据进行研究,处理好新兴数据类型与传统调查数据的关系,是研究者正在面对的重要课题。以往社会科学领域的研究主要依赖调查数据,在大数据兴起之初,学术界首先聚焦的问题是大数据能否取代传统调查数据。在早期,比较著名的案例是 Ginsberg 等(2009)利用谷歌的搜索引擎数据成功预测了美国季节性流感病例数量。然而研究发现,在 2011 年下半年以后,谷歌搜索预测的病例数开始明显高于美国疾病控制与预防中心在全国范围内统计的病例数;到了 2013 年初,谷歌预测的流感病例数量几乎高出美国疾病控制与预防中心的统计数据近一倍(Butler,2013)。Lazer 等(2014)认为,这种偏差的出现主要有两个原因。一是人们通常认为大数据方法能够完全替代传统的数据搜集和分析,忽视了需要将大数据与其他来源数据相结合进行综合分析。在谷歌流感预测这个案例中,研究者发现虽然谷歌搜索数据自身与其他预测流感的方法(如美国疾病控制与预防中心三周前的病例统计数据)相比并不具有比较优势,但如果将二者结合起来,预测的效果将会好于各自的独立预测。二是算法的动态性,虽然谷歌流感预测方法的基本逻辑是通过与流感有关的搜索数据估计流感病例,但这种方法的误差并不是稳定的。当谷歌搜索引擎的算法发生变化或者用户的使用行为发生变化,这种方法的误差也会发生变化。与传统调查数据类似,大数据也存在着一定误差。在对大数据的研究中,需要结合误差来源的不同特点进行更加细致的研究。

相对于用大数据替代传统的调查数据,更多学者认为不同数据的融合是未来的发展趋势。大数据与传统的调查数据不一定是竞争关系(邱泽奇,2018),传统调查数据与大数据的融合可以实现更高的数据质量。从调查的角度来说,调查的未来在于将其他来源的数据与调查数据融合起来(Miller,2017)。一系列关于如何获得受访者同意将其调查回复与其个人的外部数据链接起来,以及上述过程中可能产生的同意偏差(consent bias)的研究,为不同类型数据的融合奠定了基础(Singer et al.,2011;Sala et al.,2012;Jäckle et al.,2021)。Wells 等(2017)创建了一个应用程序,受访者需要同意将自己在脸书上的个人资料授权给该程序,然后完成一份网络调查问卷。在获得用户的同意后,这个应用程序会采集他们在脸书上的一系列信息,其中包括有多少朋友、关注的账号以及近期浏览的新闻提要中出现了哪些内容等信息。上述研究将受访者在调查中的回复与其在脸书内的实际行为经历相结合,分析了影响人们接触新闻信息的因素以及接触了这些信息之后的反应。

在探索不同类型数据的融合中,调查领域的学者比较早地关注如何把行政数据与调查数据相结合,相关的研究成果也比较丰富。如 Jason(2016)建议,美国 2030 年的人口普查应该主要基于行政数据,并辅以调查问卷以弥补行政数据缺失的部分。未来的调查将会综合利用更多类型的数据,而不仅仅是在分析层面与其他类型数据进行结合。无论是在调查的设计还是执行阶段,都可以充分利用外部数据,从而不断提升数据搜集的效率,减少误差与执行成本。目前对于大型数据机构而言,正在从依靠单一数据来源向集合多数据来源的范式转变。正如罗伯特·格罗夫斯(Robert Groves)所指出的,"未来在于如何结合不同来源的数据,生产出无法从单一数据源获得的信息"(Groves,2011)。

参考文献

[1] 安媛媛,徐慰 (2017).雾霾和知觉压力加重疲劳感:来自生态瞬时评估的证据.中国临床心理学杂志 (6),1130-1133.

[2] 鲍晓蕾,高辉,胡良平 (2016).多种填补方法在纵向缺失数据中的比较研究.中国卫生统计 (1),45-48.

[3] 陈丽嫦,衡明莉,王骏,等 (2020a).定量纵向数据缺失值处理方法的模拟比较研究.中国卫生统计 (3),384-388.

[4] 陈丽嫦,衡明莉,王骏,等 (2020b).多种缺失机制共存的定量纵向缺失数据处理方法的模拟比较研究.现代预防医学 (20),3684-3687.

[5] 陈明瑞,周萍 (2017).成瘾物质使用的生态瞬时评估与干预.心理科学进展 (2),247-252.

[6] 陈潇潇,侯金芹,陈祉妍 (2022).基于日记法探索母亲抑郁对儿童情绪的影响.中国临床心理学杂志 (1),68-71.

[7] 段锦云,陈文平 (2012).基于动态评估的取样法:经验取样法.心理科学进展 (7),1110-1120.

[8] 封丹珺,石林 (2004).应对方式的生态瞬时评估法及其他测量方法简介.心理科学进展 (3),429-434.

[9] 李正禹,武继磊,李佳佳,等 (2019).慢性病对中国 65 岁及以上老年人日常活动能力影响的队列研究.中华流行病学杂志 (1),33-40.

[10] 林琳,何国平,张晓飞(2020).护士状态正念与工作满意度的关系:基于日记法的研究.中国临床心理学杂志(4),788-792.

[11] 刘源,都弘彦,方杰,温忠麟(2022).国内追踪数据分析方法研究与模型发展.心理科学进展(8),1734-1746.

[12] 邱泽奇(2018).大数据给社会学研究带来了什么挑战?.实证社会科学(2),3-27.

[13] 邵华,陈奕荣,郝思哲(2019).日常生活中的压力与应对:一项生态瞬时评估研究.中国临床心理学杂志(3),561-565.

[14] 邵华(2020).应对研究的进展:挑战性问题与新方向.北京:科学出版社.

[15] 申自力,蔡太生(2008).Rosenberg自尊量表中文版条目8的处理.中国心理卫生杂志(9),661-663.

[16] 苏春红,李松(2019).生活方式与时间使用:退休对健康的影响.山东大学学报(哲学社会科学版)(2),86-97.

[17] 向燕辉,何佳丽,李清银(2022).嫉妒与幸福感因果机制:基于追踪和日记法研究.心理学报(1),40-53.

[18] 邢璐,骆南峰,孙健敏,李诗琪,尹奎(2019).经验取样法的数据分析:方法及应用.中国人力资源开发(1),35-52.

[19] 张杉杉,陈楠,刘红云(2017).LGM模型中缺失数据处理方法的比较:ML方法与Diggle-Kenward选择模型.心理学报(5),699-710.

[20] 张银普,骆南峰,石伟(2016).经验取样法——一种搜集"真实"数据的新方法.心理科学进展(2),305-316.

[21] 张银普,石伟,骆南峰,等(2017).经验取样法在组织行为学中的应用.心理科学进展(6),943-954.

[22] 赵新灿,左洪福,任勇军(2006).眼动仪与视线跟踪技术综述.计算机工程与应用(12),118-120.

[23] 郑舒方,张沥今,乔欣宇,等(2021).密集追踪数据分析:模型及其应用.心理科学进展(11),1948-1969.

[24] 郑文倩,潘康,陈云云,等(2019).基于日记法探索正念与限制性饮食:身体意象的中介作用.心理、技术与应用(12),735-745.

[25] 郑新竹,王伟梁,周郁秋(2021).生态瞬时评估法在精神障碍领域的应用进展.护理研究(10),1781-1784.

[26] 中国互联网络信息中心(2023).第 52 次中国互联网络发展状况统计报告(2023-09-08)[2023-12-20]. https://www. cnnic. cn/NMediaFile/2023/0908/MAIN1694151810549M3LV0UWOAV. pdf.

[27] Anduiza E, Galais C (2017). Answering without reading: IMCs and strong satisficing in online surveys. International Journal of Public Opinion Research, 29(3), 497-519.

[28] Antoun C, Cernat A (2020). Factors affecting completion times: a comparative analysis of smartphone and PC web surveys. Social Science Computer Review, 38(4), 477-489.

[29] Antoun C, Couper M P, Conrad F G (2017). Effects of mobile versus PC web on survey response quality: a crossover experiment in a probability web panel. Public Opinion Quarterly, 81(S1), 280-306.

[30] Antoun C, Katz J, Argueta J, et al. (2018). Design heuristics for effective smartphone questionnaires. Social Science Computer Review, 36(5), 557-574.

[31] Anusha A S, Sukumaran P, Sarveswaran V, et al. (2019). Electrodermal activity based pre-surgery stress detection using a wrist wearable. IEEE Journal of Biomedical and Health Informatics, 24(1), 92-100.

[32] Archibald M M, Ambagtsheer R C, Casey M G, et al. (2019). Using zoom videoconferencing for qualitative data collection: perceptions and experiences of researchers and participants. International Journal of Qualitative Methods,18,1609406919874596.

[33] Armoogum J, Roux S, Pham T H T (2013). Total nonresponse of a GPS-based travel survey. In Conference on New Techniques and Technologies for Statistics, Brussels.

[34] Atzmüller C, Steiner P M (2010). Experimental vignette studies in survey research. Methodology: European Journal of Research Methods for the Behavioral and Social Sciences(3), 128-138.

[35] Bähr S, Haas G C, Keusch F, et al. (2022). Missing data and other measurement quality issues in mobile geolocation sensor data. Social Science Computer Review, 40(1), 212-235.

[36] Baka A. Figgou L, Triga V (2012). 'Neither agree, nor disagree': a critical analysis of the middle answer category in voting advice applications. International Journal of Electronic Governance(3-4), 244-263.

[37] Baker R P (1992). New technology in survey research: computer-assisted personal interviewing (CAPI). Social Science Computer Review, 10(2), 145-157.

[38] Baker-Prewitt J (2014). Do smartphones really produce lower scores? Understanding device effects on survey ratings. In CASRO Digital Research conference, San Antonio.

[39] Baker-Prewitt J, Miller J (2013). Mobile research risk: What happens to data quality when respondents use a mobile device for a survey designed for a PC. In CASRO Online Research Conference 2013 Proceedings, San Francisco.

[40] Barlas F M, Thomas R K, Graham P (2015). Mobility enabled: effects of mobile devices on survey response and substantive measures. In Gfk Custom Research Presentation to the Federal Economic Statistics Advisory Committee, Washington, DC.

[41] Barta W D, Tennen H, Litt M D (2012). Measurement reactivity

in diary research. In Mehl M R, Conner T S. Handbook of research methods for studying daily life. New York: The Guilford Press.

[42] Beatty P C, Willis G B (2007). Research synthesis: the practice of cognitive interviewing. Public Opinion Quarterly, 71(2), 287-311.

[43] Bhattacherjee A (2012). Social science research: Principles, methods, and practices. [2023-05-06]. https://digitalcommons. usf. edu/oa_textbooks/3.

[44] Biler S, Šenk P, Winklerová L (2013). Willingness of individuals to participate in a travel behavior survey using GPS devices. In Conference on New Techniques and Technologies for Statistics, Brussels.

[45] Bishop G F, Oldendick R W, Tuchfarber A J (1983). Effects of filter questions in public opinion surveys. Public Opinion Quarterly, 47(4), 528-546.

[46] Black A C, Harel O, Matthews G (2012). Techniques for analyzing intensive longitudinal data with missing values. In Mehl M R, Conner T S. Handbook of research methods for studying daily life. New York: The Guilford Press.

[47] Boase J, Ling R (2013). Measuring mobile phone use: self-report versus log data. Journal of Computer-Mediated Communication, 18 (4), 508-519.

[48] Böhm R, Sprengholz P, Betsch C, et al. (2023). Filter questions in symptom assessment affect the prevalence of (a) symptomatic COVID-19 cases. Medical Decision Making, 43(4), 530-534.

[49] Borenstein M, Hedges L V, Higgins J P, et al. (2021). Introduction to meta-analysis. Chichester: John Wiley & Sons.

[50] Borger C, Funke F (2015). Responsive questionnaire design for

higher data quality in mobile surveys. In GOR Annual Conference, Cologne, Germany.

[51] Bosnjak M, Metzger G, Gräf L (2010). Understanding the willingness to participate in mobile surveys: exploring the role of utilitarian, affective, hedonic, social, self-expressive, and trust-related factors. Social Science Computer Review, 28 (3): 350-370.

[52] Bosnjak M, Poggio T, Becker K R, et al. (2013). Online survey participation via mobile devices. In American Association for Public Opinion Research 68th Annual Conference, Boston, USA.

[53] Boumans J , Trilling D, 2016. Taking stock of the toolkit: an overview of relevant automated content analysis approaches and techniques for digital journalism scholars[J]. Rethinking Research Methods in an Age of Digital Journalism,4(1):8-23.

[54] Brick J M, Dipko S, Presser S, et al. (2006). Nonresponse bias in a dual frame sample of cell and landline numbers. International Journal of Public Opinion Quarterly, 70(5), 780-793.

[55] Brick J M, Williams D (2013). Explaining rising nonresponse rates in cross-sectional surveys. The Annals of the American Academy of Political and Social Science, 645(1), 36-59.

[56] Brislin R W (1970). Back-translation for cross-cultural research. Journal of Cross-cultural Psychology, 1(3), 185-216.

[57] Burns M N, Begale M, Duffecy J, et al. (2011). Harnessing context sensing to develop a mobile intervention for depression. Journal of Medical Internet Research, 13(3), e1838.

[58] Buskirk T D, Andrus C H (2014). Making mobile browser surveys smarter: results from a randomized experiment comparing online surveys completed via computer or smartphone. Field Methods, 26 (4), 322-342.

［59］Butler D（2013）. When Google got flu wrong. Nature News，494（7436），155.

［60］Callegaro M，Murakami M H，Tepman Z，et al.（2015）. Yes-no answers versus check-all in self-administered modes：a systematic review and analyses. International Journal of Market Research，57（2），203-224.

［61］Callegaro M，Yang Y（2018）. The role of surveys in the era of "big data". In Vannette D L，Krosnick J A. The Palgrave Handbook of Survey Research. New York：Springer.

［62］Carter B T，Luke S G（2020）. Best practices in eye tracking research. International Journal of Psychophysiology，155，49-62.

［63］Čehovin G，Bosnjak M，Manfreda K L（2018）. Meta-analyses in survey methodology：a systematic review. Public Opinion Quarterly，82(4)，641-660.

［64］Cernat A，Liu M（2019）. Radio buttons in web surveys：searching for alternatives. International Journal of Market Research，61(3)，266-286.

［65］Chandon P，Morwitz V G，Reinartz W J（2004）. The short-and long-term effects of measuring intent to repurchase. Journal of Consumer Research，31(3)，566-572.

［66］Chen Z，Cernat A，Shlomo N，et al.（2022）. Impact of question topics and filter question formats on web survey breakoffs. International Journal of Market Research，64(6)，710-726.

［67］Christian L M，Dillman D A（2004）. The influence of graphical and symbolic language manipulations on responses to self-administered questions. Public Opinion Quarterly，68(1)，57-80.

［68］Chyung S Y，Kennedy M，Campbell I（2018）. Evidence-based survey design：the use of ascending or descending order of Likert

- type response options. Performance Improvement，57(9)，9-16.

[69] Clarke A D, Mahon A, Irvine A, et al. (2017). Peoplc are unable to recognize or report on their own eye movements. The Quarterly Journal of Experimental Psychology，70(11)，2251-2270.

[70] Conrad F G, Couper M P, Tourangeau R, Zhang C (2017). Reducing speeding in web surveys by providing immediate feedback. Survey Research Methods，11(1). 45-61.

[71] Cornet V P, Holden R J (2018). Systematic review of smartphone-based passive sensing for health and wellbeing. Journal of Biomedical Informatics，77，120-132.

[72] Couper M P, Antoun C, Mavletova A (2017a). Mobile web surveys：a total survey error perspective. In Biemer P P, de Leeuw E D, Eckman S, et al. Total Survey Error in Practice. New York：John Wiley & Sons.

[73] Couper M P, Peterson G J (2017b). Why do web surveys take longer on smartphones?. Social Science Computer Review，35(3)，357-377.

[74] Couper M P, Tourangeau R, Conrad F G, et al. (2013). The design of grids in web surveys. Social Science Computer Review，31(3)，322-345.

[75] Couper M P, Traugott M W, Lamias M J (2001). Web survey design and administration. Public Opinion Quarterly，65(2)，230-253.

[76] Couper M P, Zhang C (2016). Helping respondents provide good answers in web surveys. Survey Research Methods，10(1)，49-64.

[77] Cox III E P (1980). The optimal number of response alternatives for a scale：a review. Journal of Marketing Research，17(4)，407-422.

[78] Cummins R A, Gullone E (2000). Why we should not use 5-point Likert scales: the case for subjective quality of life measurement. Proceedings, Second International Conference on Quality of Life in Cities, 74(2), 74-93.

[79] Curtin R, Presser S, Singer E (2005). Changes in telephone survey nonresponse over the past quarter century. Public Opinion Quarterly, 69(1), 87-98.

[80] Dao K P, De Cocker K, Tong H L, et al. (2021). Smartphone-delivered ecological momentary interventions based on ecological momentary assessments to promote health behaviors: systematic review and adapted checklist for reporting ecological momentary assessment and intervention studies. JMIR mHealth and uHealth, 9(11), e22890.

[81] Davidson C L, Anestis M D, Gutierrez P M (2017). Ecological momentary assessment is a neglected methodology in suicidology. Archives of Suicide Research: Official Journal of the International Academy for Suicide Research, 21(1), 1-11.

[82] De Bruijne M, Wijnant A (2013). Comparing survey results obtained via mobile devices and computers: an experiment with a mobile web survey on a heterogeneous group of mobile devices versus a computer-assisted web survey. Social Science Computer Review, 31(4), 482-504.

[83] De Bruijne M, Wijnant A (2014a). Improving response rates and questionnaire design for mobile web surveys. Public Opinion Quarterly, 78(4), 951-962.

[84] De Bruijne M, Wijnant A (2014b). Improving response rates and questionnaire design for mobile web surveys. Public Opinion Quarterly, 78(4), 951-962.

［85］De Heer W, de Leeuw E（2002）. Trends in household survey nonresponse: a longitudinal and international comparison. In Groves R M, Dillman D A, Eltinge J L, et al. Survey Nonresponse. New York: John Wiley & Sons.

［86］De Leeuw E D, Hox J J, Snijkers G（1995）. The effect of computer-assisted interviewing on data quality. a review. Journal of the Market Research Society, 37(4), 1-19.

［87］De Vries L P, Baselmans B M, Bartels M（2021）. Smartphone-based ecological momentary assessment of well-being: a systematic review and recommendations for future studies. Journal of Happiness Studies, 22, 2361-2408.

［88］Diaz F, Gamon M, Hofman J M, et al.（2016）. Online and social media data as an imperfect continuous panel survey. PloS One, 11 (1), e0145406.

［89］Diefenbach M A, Weinstein N D, O'reilly J（1993）. Scales for assessing perceptions of health hazard susceptibility. Health Education Research, 8(2), 181-192.

［90］Diener E, Emmons R A, Larsen R J, et al.（1985）. The satisfaction with life scale. Journal of Personality Assessment, 49 (1), 71-75.

［91］Diener E, Oishi S, Tay L（2018）. Advances in subjective well-being research. Nature Human Behaviour, 2(4), 253-260.

［92］Duan N, Alegria M, Canino G, et al.（2007）. Survey conditioning in self-reported mental health service use: randomized comparison of alternative instrument formats. Health Services Research, 42 (2), 890-907.

［93］Eagle N, Pentlan A, Lazer D（2009）. Inferring friendship network structure by using mobile phone data. Proceedings of the National

Academy of Sciences, 106(36), 15274-15278.

[94] Eck A, Cazar A L C, Callegaro M et al. (2021). Big data meets survey science. Social Science Computer Review, 39(4), 484-488.

[95] Eckman S, Kreuter F, Kirchner A, et al. (2014). Assessing the mechanisms of misreporting to filter questions in surveys. Public Opinion Quarterly, 78(3), 721-733.

[96] Emde M, Fuchs M (2012). Using adaptive questionnaire design in open-ended questions: a field experiment. In American Association for Public Opinion Research 67th Annual Conference, San Diego, USA.

[97] Emery T, Cabaco S, Fadel L, et al. (2023). Breakoffs in an hour-long, online survey. Survey Practice, 16(1).

[98] Enders C K (2011). Missing not at random models for latent growth curve analyses. Psychological Methods, 16(1),1-16.

[99] Faelens L, Hoorelbeke K, Soenens B, et al. (2021). Social media use and well-being: a prospective experience-sampling study. Computers in Human Behavior, 114, 106510.

[100] Fan J, Han F, Liu H (2014). Challenges of big data analysis. National Science Review, 1(2), 293-314.

[101] Fan W, Yan Z (2010). Factors affecting response rates of the web survey: a systematic review. Computers in Human Behavior, 26 (2), 132-139.

[102] Finstad K (2010). Response interpolation and scale sensitivity: evidence against 5-point scales. Journal of Usability Studies, 5 (3), 104-110.

[103] French D P, Sutton S (2010). Reactivity of measurement in health psychology: how much of a problem is it? What can be done about it?. British Journal of Health Psychology, 15(3), 453-

468.

[104] Fricker S, Galesic M, Tourangeau R, et al. (2005). An experimental comparison of web and telephone surveys. Public Opinion Quarterly, 69(3), 370.

[105] Fuchs M, Busse B (2009). The coverage bias of mobile web surveys across European countries. International Journal of Internet Science, 4(1), 21-33.

[106] Galesic M, Bosnjak M (2009). Effects of questionnaire length on participation and indicators of response quality in a web survey. Public Opinion Quarterly, 73(2), 349-360.

[107] Garland R (1991). The mid-point on a rating scale: is it desirable. Marketing Bulletin, 2(1), 66-70.

[108] Gilovich T, Griffin D, Kahneman D (2002). Heuristics and Biases: The Psychology of Intuitive Judgment. Cambridge: Cambridge University Press.

[109] Ginsberg J, Mohebbi M H, Patel R S, et al. (2009). Detecting influenza epidemics using search engine query data. Nature, 457(7232), 1012-1014.

[110] Gittelman S, Lange V, Cook W A, et al. (2015). Accounting for social-desirability bias in survey sampling: a model for predicting and calibrating the direction and magnitude of social-desirability bias. Journal of Advertising Research, 55(3), 242-254.

[111] Golder S A, Macy M W (2011). Diurnal and seasonal mood vary with work, sleep, and daylength across diverse cultures. Science, 333(6051), 1878-1881.

[112] Goodspeed R, Yan X, Hardy J, et al. (2018). Comparing the data quality of global positioning system devices and mobile phones for assessing relationships between place, mobility, and

health: field study. JMIR mHealth and uHealth, 6(8), e9771.

[113] Gray L M, Wong-Wylie G, Rempel G R, et al. (2020). Expanding qualitative research interviewing strategies: zoom video communications. The Qualitative Report, 25 (5), 1292-1301.

[114] Groves R M (1990). Theories and methods of telephone surveys. Annual Review of Sociology, 16(1), 221-240.

[115] Groves R M (2005). Survey Errors and Survey Costs. Hoboken, NJ: John Wiley & Sons.

[116] Groves R M (2011). Three eras of survey research. Public Opinion Quarterly, 75(5), 861-871.

[117] Groves R M, Cialdini R B, Couper M P (1992). Understanding the decision to participate in a survey. Public Opinion Quarterly, 56(4), 475-495.

[118] Groves R M, Couper M P (2012). Nonresponse in Household Interview Surveys. Hoboken, NJ: John Wiley & Sons.

[119] Groves R M, Magilavy L J (1986). Measuring and explaining interviewer effects in centralized telephone surveys. Public Opinion Quarterly, 50(2), 251-266.

[120] Groves R M, Peytcheva E (2008). The impact of nonresponse rates on nonresponse bias: a meta-analysis. Public Opinion Quarterly, 72(2), 167-189.

[121] Gummer T, Quoß F, Roßmann J (2019). Does increasing mobile device coverage reduce heterogeneity in completing web surveys on smartphones?. Social Science Computer Review, 37(3), 371-384.

[122] Gummer T, Höhne J K, Rettig T, et al. (2023). Is there a growing use of mobile devices in web surveys? Evidence from 128

web surveys in Germany. Quality & Quantity, 1-21.

[123] Gummer T, Vogel V, Kunz T, et al. (2020). Let's put a smile on that scale: Findings from three web survey experiments. International Journal of Market Research, 62(1), 18-26.

[124] Ha L, Zhang C, Jiang W (2020). Data quality comparison between computers and smartphones in different web survey modes and question formats. Internet Research, 30(6), 1763-1781.

[125] Haas G C, Trappmann M, Keusch F, et al. (2020). Using geofences to collect survey data: lessons learned from the IAB-SMART study. Survey Methods: Insights from the Field, 1-12.

[126] Hamby T, Taylor W (2016). Survey satisficing inflates reliability and validity measures: an experimental comparison of college and Amazon Mechanical Turk samples. Educational and Psychological Measurement, 76(6), 912-932.

[127] Harari G M, Müller S R, Aung, M S, et al. (2017). Smartphone sensing methods for studying behavior in everyday life. Current Opinion in Behavioral Sciences, 18, 83-90.

[128] Heerwegh D, Loosveldt G (2008). Face-to-face versus web surveying in a high-internet-coverage population: differences in response quality. Public Opinion Quarterly, 72(5), 836-846.

[129] Helzer J E, Rose G L, Badger G, et al. (2008). Using interactive voice response to enhance brief alcohol intervention in primary care settings. Journal of Studies on Alcohol and Drugs, 69(2), 251-258.

[130] Hickey B A, Chalmers T, Newton P, et al. (2021). Smart devices and wearable technologies to detect and monitor mental health conditions and stress: a systematic review. Sensors, 21

(10)，3461.

[131] Hochstim J R (1967). A critical comparison of three strategies of collecting data from households. Journal of the American Statistical Association，62(319)，976-989.

[132] Holbrook A L，Green M C，Krosnick J A (2003). Telephone versus face-to-face interviewing of national probability samples with long questionnaires：comparisons of respondent satisficing and social desirability response bias. Public Opinion Quarterly，67 (1)，79-125.

[133] Holland J L，Christian L M (2009). The influence of topic interest and interactive probing on responses to open-ended questions in web surveys. Social Science Computer Review，27 (2)，196-212.

[134] Holmqvist K，Nyström M，Andersson R，et al. (2011). Eye Tracking：A Comprehensive Guide to Methods and Measures. Oxford：Oxford University Press.

[135] Hong S，Zhao F，Livshits V，et al. (2021). Insights on data quality from a large-scale application of smartphone-based travel survey technology in the Phoenix metropolitan area，Arizona，USA. Transportation Research Part A：Policy and Practice，154，413-429.

[136] Hu S S，Balluz L，Battaglia M P，et al. (2011). Improving public health surveillance using a dual-frame survey of landline and cell phone numbers. American Journal of Epidemiology，173(6)，703-711.

[137] Jäckle A，Beninger K，Burton J，et al. (2021). Understanding data linkage consent in longitudinal surveys. In Lynn P (E)d. Advances in Longitudinal Survey Methodology (pp. 122-150).

John Wiley & Sons.

[138] Jäckle A, Burton J, Couper M P, et al. (2017). Participation in a mobile app survey to collect expenditure data as part of a large-scale probability household panel: response rates and response biases. Institute for Social and Economic Research, University of Essex: Understanding Society Working Paper Series No, 9.

[139] Japec L, Kreuter F, Berg M, et al. (2015). Big data in survey research: AAPOR task force report. Public Opinion Quarterly, 79(4), 839-880.

[140] Jason (2016). Alternative Futures for the 2030 Census. Report to the US Census Bureau. JASON Program Office. Mitre Corporation.

[141] Johnson A, Kelly F, Stevens S (2012). Modular survey design for mobile devices. In 2012 CASRO Online Conference.

[142] Jones A, Remmerswaal D, Verveer I, et al. (2019). Compliance with ecological momentary assessment protocols in substance users: a meta - analysis. Addiction, 114(4), 609-619.

[143] Joseph N T, Chow E C, Peterson L M, et al. (2021). What can we learn from more than 140, 000 moments of ecological momentary assessment-assessed negative emotion and ambulatory blood pressure? A systematic review and meta-analysis. Psychosomatic Medicine, 83(7), 746-755.

[144] Józsa K, Morgan G A (2017). Reversed items in Likert scales: filtering out invalid responders. Journal of Psychological and Educational Research, 25(1), 7-25.

[145] Kahneman D, Krueger A B, Schkade D A, et al. (2004). A survey method for characterizing daily life experience: the day reconstruction method. Science, 306(5702), 1776-1780.

［146］Kalton G，Roberts J，Holt D（1980）. The effects of offering a middle response option with opinion questions. Journal of the Royal Statistical Society Series D: The Statistician，29(1)，65-78.

［147］Keeter S，Hatley N，Kennedy C，et al.（2017）. What low response rates mean for telephone surveys. Pew Research Center，15(1)，1-39.

［148］Keeter S，Kennedy C，Clark A，et al.（2007）. What's missing from national landline RDD surveys? The impact of the growing cell-only population. Public Opinion Quarterly，71(5)，772-792.

［149］Kelly F，Johnson A，Stevens S（2013）. Modular survey design: bite sized chunks 2. In CASRO Online Research conference，San Francisco.

［150］Kennedy C（2007）. Evaluating the effects of screening for telephone service in dual frame RDD surveys. Public Opinion Quarterly，71(5)，750-771.

［151］Kennedy R，Wojcik S，Lazer D（2017）. Improving election prediction internationally. Science，355(6324)，515-520.

［152］Keusch F（2023）. Data collection with wearables，apps，and sensors.［Webinar］. World Association for Public Opinion Research. https://wapor. org/wp-content/uploads/WAPOR-Webinar-May-2023. pdf.

［153］Keusch F，Bähr S，Haas G C，et al.（2023）. Coverage error in data collection combining mobile surveys with passive measurement using apps: data from a German National Survey. Sociological Methods & Research，52(2)，841-878.

［154］Keusch F，Conrad F G（2022）. Using Smartphones to capture and combine self-reports and passively measured behavior in social research. Journal of Survey Statistics and Methodology，10(4)，

863-885.

[155] Keusch F, Struminskaya B, Antoun C, et al. (2019). Willingness to participate in passive mobile data collection. Public Opinion Quarterly, 83(S1), 210-235.

[156] Keusch F, Struminskaya B, Kreuter F, et al. (2020). Combining active and passive mobile data collection: a survey of concerns. In Hill C A, Biemer P P, Buskirk T D, et al. Big Data Meets Survey Science: A Collection of Innovative Methods. John Wiley & Sons.

[157] Keusch F, Yan T (2017a). Web versus mobile web: an experimental study of device effects and self-selection effects. Social Science Computer Review, 35(6), 751-769.

[158] Keusch F, Zhang C (2017b). A review of issues in gamified surveys. Social Science Computer Review, 35(2), 147-166.

[159] Kramer A D (2010). An unobtrusive behavioral model of "gross national happiness". In Proceedings of the SIGCHI Conference on Human Factors in Computing Systems, Atlanta.

[160] Kreuter F, Haas G C, Keusch F, et al. (2020). Collecting survey and smartphone sensor data with an app: Opportunities and challenges around privacy and informed consent. Social Science Computer Review, 38(5), 533-549.

[161] Kreuter F, McCulloch S, Presser S, et al. (2011). The effects of asking filter questions in interleafed versus grouped format. Sociological Methods & Research, 40(1), 88-104.

[162] Krosnick J A (1991). Response strategies for coping with the cognitive demands of attitude measures in surveys. Applied Cognitive Psychology, 5(3), 213-236.

[163] Krosnick J A, Alwin D F (1987). An evaluation of a cognitive

theory of response-order effects in survey measurement. Public Opinion Quarterly, 51(2), 201-219.

[164] Krosnick J A, Holbrook A L, Berent M K, et al. (2002). The impact of "no opinion" response options on data quality: non-attitude reduction or an invitation to satisfice?. Public Opinion Quarterly, 66(3), 371-403.

[165] Krosnick J A, Narayan S, Smith W R (1996). Satisficing in surveys: Initial evidence. New Directions for Evaluation, 1996 (70), 29-44.

[166] Krosnick J A, Fabrigar L R (1997). Designing rating scales for effective measurement in surveys. In Lyberg L, Biemer P, Collins M, et al. Survey Measurement and Process Quality. New York: John Wiley & Sons.

[167] Laney D (2001). 3D data management: Controlling data volume, velocity and variety. META Group Research Note, 6(70), 1.

[168] Larsen O N (1952). The comparative validity of telephone and face-to-face interviews in the measurement of message diffusion from leaflets. American Sociological Review, 17(4), 471-476.

[169] Latner J D, Wilson G T (2002). Self-monitoring and the assessment of binge eating. Behavior Therapy, 33(3), 465-477.

[170] Lattery K, Park Bartolone G, Saunders T (2013). Optimizing surveys for smartphones: Maximizing response rates while minimizing bias. In CASRO Online Research Conference.

[171] Lavrakas P J (1987). Telephone survey methods: sampling, selection, and supervision. Beverly Hills: Sage Publications, Inc.

[172] Lazer D, Kennedy R, King G, et al. (2014). The parable of Google Flu: traps in big data analysis. Science, 343(6176), 1203-1205.

［173］ Lee H，Kim S，Couper M P，et al.（2019）. Experimental comparison of PC web，smartphone web，and telephone surveys in the new technology era. Social Science Computer Review，37 (2)，234-247.

［174］ Lee S，Brick J M，Brown E R，et al.（2010）. Growing cell - phone population and noncoverage bias in traditional random digit dial telephone health surveys. Health Services Research，45(4)，1121-1139.

［175］ Leininger S，Skeel R（2012）. Cortisol and self-report measures of anxiety as predictors of neuropsychological performance. Archives of Clinical Neuropsychology，27(3)，318-328.

［176］ Lemmens J S，Valkenburg P M，Peter J（2009）. Development and validation of a game addiction scale for adolescents. Media Psychology，12(1)，77-95.

［177］ Li G M，Tang J L（2022）. A trade war with or without Trump： Actual topical knowledge as a moderator of question wording effect on survey responses. International Journal of Communication，16，2283-2302.

［178］ Lin H，Tov W，Qiu L（2014）. Emotional disclosure on social networking sites：the role of network structure and psychological needs. Computers in Human Behavior，41，342-350.

［179］ Liu H，Xie Q W，Lou V W（2019）. Everyday social interactions and intra-individual variability in affect：a systematic review and meta-analysis of ecological momentary assessment studies. Motivation and Emotion，43，339-353.

［180］ Liu M（2017）. Web survey experiments on matrix questions. Computers in Human Behavior，67，61-72.

［181］ Liu M，Cernat A（2018a）. Item-by-item versus matrix questions：

a web survey experiment. Social Science Computer Review，36 (6)，690-706.

[182] Liu M，Wronski L (2018b). Trap questions in online surveys: Results from three web survey experiments. International Journal of Market Research，60(1)，32-49.

[183] Liu P，Tov W，Kosinski M，et al. (2015). Do Facebook status updates reflect subjective well-being?. Cyberpsychology, Behavior, and Social Networking，18(7)，373-379.

[184] Lohr S (2012). How big data became so big. New York Times，2012-08-11.

[185] Lu Z，Zhang Z，Cohen A (2013). Bayesian methods and model selection for latent growth curve models with missing data. In New Developments in Quantitative Psychology: Presentations from the 77th Annual Psychometric Society Meeting. New York: Springer.

[186] Ma Y，Xu B，Bai Y，et al. (2012). Daily mood assessment based on mobile phone sensing. 2012 Ninth International Conference on Wearable and Implantable Body Sensor Networks.

[187] Maher N A，Senders J T，Hulsbergen A F，et al. (2019). Passive data collection and use in healthcare: a systematic review of ethical issues. International Journal of Medical Informatics，129，242-247.

[188] Majumder S，Deen M J (2019). Smartphone sensors for health monitoring and diagnosis. Sensors，19(9)，2164.

[189] Mann C B (2005). Unintentional voter mobilization: does participation in preelection surveys increase voter turnout?. Annals of the American Academy of Political and Social Science，601，155-168.

[190] Mavletova A (2013), Data quality in PC and mobile web surveys. Social Science Computer Review, 31 (6): 725-743.

[191] Mavletova A, Couper M P (2013). Sensitive topics in PC web and mobile web surveys: is there a difference?. Survey Research Methods, 7 (3): 191-205.

[192] Mavletova A, Couper M P (2014). Mobile web survey design: scrolling versus paging, SMS versus E-mail invitations. Journal of Survey Statistics and Methodology, 2, 498-518.

[193] Mavletova A, Couper M P (2015). A meta-analysis of breakoff rates in mobile web surveys. In Toninelli D, Pinter R, de Pedraza P. Mobile research methods: opportunities and challenges of mobile research methodologies.

[194] Mavletova A, Couper M P (2016a). Grouping of items in mobile web questionnaires. Field Methods, 28(2), 170-193.

[195] Mavletova A, Couper M P (2016b). Device use in web surveys: The effect of differential incentives. International Journal of Market Research, 58(4), 523-544.

[196] Mavletova A, Couper M P, Lebedev D (2018). Grid and item-by-item formats in PC and mobile web surveys. Social Science Computer Review, 36(6), 647-668.

[197] McClain C, Crawford S D (2013). Grid formats, data quality, and mobile device use: a questionnaire design approach. In American Association for Public Opinion Research 68th Annual Conference, Boston, USA.

[198] McGeeney K, Marlar J (2013). Mobile browser web surveys: testing response rates, data quality, and best practices. In American Association for Public Opinion Research 68th Annual Conference, Boston, USA.

[199] Melumad S，Meyer R（2020）. Full disclosure：how smartphones enhance consumer self-disclosure. Journal of Marketing，84（3），28-45.

[200] Millar M，Dillman D（2012）. Do mail and internet surveys produce different item nonresponse rates? An experiment using random mode assignment. Survey Practice，5(2).

[201] Miller P V（2017）. Is there a future for surveys?. Public Opinion Quarterly，81(S1)，205-212.

[202] Mittereder F，West B T（2022）. A dynamic survival modeling approach to the prediction of web survey breakoff. Journal of Survey Statistics and Methodology，10(4)，945-978.

[203] Molenaar P C M，Campbell C G（2009）. The new person-specific paradigm in psychology. Current Directions in Psychological Science，18(2)，112-117.

[204] Mukherjee A，Liu B（2010）. Improving gender classification of blog authors. In Proceedings of the 2010 Conference on Empirical Methods in natural Language Processing，Massachusetts，USA.

[205] Murad M H，Asi N，Alsawas M，et al.（2016）. New evidence pyramid. BMJ Evidence-Based Medicine，21(4)，125-127.

[206] Narayan S，Krosnick J A（1996）. Education moderates some response effects in attitude measurement. Public Opinion Quarterly，60(1)，58-88.

[207] Naughton F，Hopewell S，Lathia N，et al.（2016）. A context-sensing mobile phone app（Q sense）for smoking cessation：a mixed-methods study. JMIR mHealth and uHealth，4(3)，e5787.

[208] Neuert C E，Roßmann J，Silber H（2023）. Using eye-tracking methodology to study grid question designs in web surveys. Journal of Official Statistics，39(1)，79-101.

[209] O' Muircheartaigh C A, Krosnick J A, Helic A (2000). Middle alternatives, acquiescence, and the quality of questionnaire data. Chicago, USA: Irving B. Harris Graduate School of Public Policy Studies, University of Chicago.

[210] Olson K, Smyth J D, Horwitz R, et al. (2021). Transitions from telephone surveys to self-administered and mixed-mode surveys: AAPOR task force report. Journal of Survey Statistics and Methodology, 9(3), 381-411.

[211] Ono M, Schneider S, Junghaenel D U, et al. (2019). What affects the completion of ecological momentary assessments in chronic pain research? An individual patient data meta-analysis. Journal of Medical Internet Research, 21(2), e11398.

[212] Parlak O (2021). Portable and wearable real-time stress monitoring: a critical review. Sensors and Actuators Reports, 3, 100036.

[213] Peterson G (2012). Unintended mobile respondents. In Council of American Survey Research Organizations Technology Conference.

[214] Peterson G, Mechling J, LaFrance J, et al. (2013). Solving the unintentional mobile challenge. In Council of American Survey Research Organizations Online Research Conference.

[215] Pew Research Center (2023). Views of India lean positive across 23 countries. [2023-12-20]. https://www.pewresearch.org/global/2023/08/29/views-of-india-lean-positive-across-23-countries.

[216] Peytchev A, Couper M P, McCabe S E et al. (2006). Web survey design: paging versus scrolling. International Journal of Public Opinion Quarterly, 70(4), 596-607.

[217] Peytchev A, Hill C A (2010). Experiments in mobile web survey

design: similarities to other modes and unique considerations. Social Science Computer Review, 28, 319-335.

[218] Presser S, Schuman H (1980). The measurement of a middle position in attitude surveys. Public Opinion Quarterly, 44(1), 70-85.

[219] Preston C C, Colman A M (2000). Optimal number of response categories in rating scales: reliability, validity, discriminating power, and respondent preferences. Acta Psychologica, 104(1), 1-15.

[220] Ram N, Brinberg M, Pincus A L, et al. (2017). The questionable ecological validity of ecological momentary assessment: considerations for design and analysis. Research in Human Development, 14(3), 253-270.

[221] Rayner K (2009). The 35th Sir Frederick Bartlett Lecture: eye movements and attention in reading, scene perception, and visual search. Quarterly Journal of Experimental Psychology, 62(8), 1457-1506.

[222] Reja U, Manfreda K L, Hlebec V, et al. (2003). Open-ended vs. close-ended questions in web questionnaires. Developments in Applied Statistics, 19(1), 159-177.

[223] Revilla M, Couper M P, Ochoa C (2019). Willingness of online panelists to perform additional tasks. Methods, Data, Analyses: A Journal for Quantitative Methods and Survey Methodology (mda), 13(2), 223-252.

[224] Revilla M, Ochoa C (2016). Open narrative questions in PC and smartphones: is the device playing a role? Quality & Quantity, 50, 2495-2513.

[225] Revilla M, Toninelli D, Ochoa C (2017). An experiment

comparing grids and item-by-item formats in web surveys completed through PCs and smartphones. Telematics and Informatics，34，30-42.

[226] Reynolds B M，Robles T F，Repetti R L（2016）. Measurement reactivity and fatigue effects in daily diary research with families. Developmental Psychology，52(3)，442.

[227] Roberts C，Gilbert E，Allum N，et al.（2019）. Research synthesis：satisficing in surveys：a systematic review of the literature. Public Opinion Quarterly，83(3)，598-626.

[228] Roberts M E，Stewart B M，Tingley D，et al.（2014）. Structural topic models for open - ended survey responses. American Journal of Political Science，58(4)，1064-1082.

[229] Rolstad S，Adler J，Rydén A（2011）. Response burden and questionnaire length：is shorter better? A review and meta-analysis. Value in Health，14(8)，1101-1108.

[230] Rosenberg M（1965）. Society and the Adolescent Self-image. Princeton：Princeton University Press.

[231] Rot M A H，Hogenelst K，Schoevers R A（2012）. Mood disorders in everyday life：a systematic review of experience sampling and ecological momentary assessment studies. Clinical Psychology Review，32(6)，510-523.

[232] Roßmann J，Gummer T，Silber H（2018）. Mitigating satisficing in cognitively demanding grid questions：evidence from two web-based experiments. Journal of Survey Statistics and Methodology，6(3)，376-400.

[233]Saad L(2023). Gov't still No. 1，but guns，crime up as top U. S. problem［2023-12-20］. https：//news. gallup. com/poll/505385/gov-no-guns-crime-top-problem. aspx.

[234] Saeb S, Zhang M, Karr C J, et al. (2015). Mobile phone sensor correlates of depressive symptom severity in daily-life behavior: an exploratory study. Journal of Medical Internet Research, 17 (7), e4273.

[235] Sakshaug J W, Couper M P, Ofstedal M B, et al. (2012). Linking survey and administrative records: mechanisms of consent. Sociological Methods & Research, 41(4), 535-569.

[236] Sakshaug J W, Kreuter F (2014). The effect of benefit wording on consent to link survey and administrative records in a web survey. Public Opinion Quarterly, 78(1), 166-176.

[237] Sala E, Burton J, Knies G (2012). Correlates of obtaining informed consent to data linkage: respondent, interview, and interviewer characteristics. Sociological Methods & Research, 41 (3), 414-439.

[238] Sano A, Phillips A J, Amy Z Y, et al. (2015). Recognizing academic performance, sleep quality, stress level, and mental health using personality traits, wearable sensors and mobile phones. In 2015 IEEE 12th International Conference on Wearable and Implantable Body Sensor Networks (BSN).

[239] Sarraf S, Brooks J, Cole J, et al. (2015). What is the impact of smartphone optimization on longsurveys?. In American Association for Public Opinion Research Annual Conference Hollywood.

[240] Saunders T, Chavez L, Chrzan K, et al. (2012). Scale orientation, grids and modality effects in mobile web surveys. In American Association for Public Opinion Research Annual Conference, Orlando.

[241] Schafer J L, Graham J W (2002). Missing data: our view of the

state of the art. Psychological Methods，7(2)，147-177.

[242] Scherpenzeel A (2017). Mixing online panel data collection with innovative methods. In Faulbaum F，Hill P，Pfau-Effinger B，et al. Methodische Probleme von Mixed-Mode-Ansätzen in der Umfrageforschung. Springer.

[243] Schlosser S，Mays A (2018). Mobile and dirty：does using mobile devices affect the data quality and the response process of online surveys?. Social Science Computer Review，36(2)，212-230.

[244] Schuh-Renner A，Canham-Chervak M，Grier T L，et al. (2019). Accuracy of self-reported injuries compared to medical record data. Musculoskeletal Science and Practice，39，39-44.

[245] Schuldt J P，Roh S，Schwarz N (2015). Questionnaire design effects in climate change surveys：Implications for the partisan divide. The ANNALS of the American Academy of Political and Social Science，658(1)，67-85.

[246] Schwarz N，Clore G L (2003). Mood as information：20 years later. Psychological Inquiry，14(3-4)，296-303.

[247] Schwarz N，Hippler H J，Deutsch B，et al. (1985). Response scales：effects of category range on reported behavior and comparative judgments. Public Opinion Quarterly，49(3)，388-395.

[248] Shiffman S，Stone A A，Hufford M R (2008). Ecological momentary assessment. Annual Review of Clinical Psychology，4，1-32.

[249] Shrout P E，Lane S P (2012). Psychometrics. In Mehl M R，Conner T S. Handbook of Research Methods for Studying Daily Life. The Guilford Press.

[250] Siebers T，Beyens I，Pouwels J L，et al. (2022). Social media

and distraction: an experience sampling study among adolescents. Media Psychology, 25(3), 343-366.

[251] Simon H A (1955). A behavioral model of rational choice. The Quarterly Journal of Economics, 99-118.

[252] Simon H A (1956). Rational choice and the structure of the environment. Psychological Review, 63(2), 129.

[253] Singer E, Bates N, Van Hoewyk J (2011). Concerns about privacy, trust in government, and willingness to use administrative records to improve the decennial census. In 64th Annual Conference of the American Association for Public Opinion Research.

[254] Smith E N, Santoro E, Moraveji N, et al. (2020). Integrating wearables in stress management interventions: promising evidence from a randomized trial. International Journal of Stress Management, 27(2), 172.

[255] Smyth J D, Dillman D A, Christian L M, et al. (2006). Comparing check-all and forced-choice question formats in web surveys. Public Opinion Quarterly, 70(1), 66-77.

[256] Smyth J D, Dillman D A, Christian L M, et al. (2009). Open-ended questions in web surveys: can increasing the size of answer boxes and providing extra verbal instructions improve response quality?. Public Opinion Quarterly, 73(2), 325-337.

[257] Stange M, Barry A, Smyth J, et al. (2018). Effects of smiley face scales on visual processing of satisfaction questions in web surveys. Social Science Computer Review, 36(6), 756-766.

[259] Staples P, Torous J, Barnett I, et al. (2017). A comparison of passive and active estimates of sleep in a cohort with schizophrenia. NPJ Schizophrenia, (1), 37.

[259] Stapleton C（2013）. The smart（phone）way to collect survey data. Survey Practice,（6）, 1-7.

[260] Statista（2023）. Number of smartphone mobile network subscriptions worldwide from 2016 to 2022, with forecasts from 2023 to 2028.［2023-12-20］. https://www. statista. com/statistics/330695/number-of-smartphone-users-worldwide/.

[261] Stern M, Sterrett D, Bilgen I（2016）. The effects of grids on web surveys completed with mobile devices. Social Currents,（3）, 217-233.

[262] Stern M J, Dillman D, Smyth J D（2007）Visual design, order effects, and respondent characteristics in a self-administered survey. Survey Research Methods,（3）, 121-138.

[263] Storm F A, Heller B W, Mazzà C（2015）. Step detection and activity recognition accuracy of seven physical activity monitors. PloS One,（3）, e0118723.

[264] Struminskaya B, Keusch F（2023）. Mobile devices and the collection of social research data. In Skopek J. Research Handbook on Digital Sociology. Cheltenham: Edward Elgar Publishing.

[265] Sturgis P, Roberts C, Smith P（2014）. Middle alternatives revisited: how the neither/nor response acts as a way of saying "I don't know"?. Sociological Methods & Research, 43(1), 15-38.

[266] Teague A（2017）. 2021 Census—a new approach to counting rooms and bedrooms. National Statistical: News and insight from the Office for National Statistics.［2017-06-28］［2023-12-20］. https://blog. ons. gov. uk/2017/06/28/an-alternative-approach-to-estimating-number-of-rooms-and-bedrooms/.

[267] Tharp K（2015）. The impact of mobile first and responsive web

designs. In American Association for Public Opinion Research Annual Conference, Hollywood.

[268] Toepoel V, Funke F (2018). Sliders, visual analogue scales, or buttons: influence of formats and scales in mobile and desktop surveys. Mathematical Population Studies, 25(2), 112-122.

[269] Toepoel V, Lugtig P (2014). What happens if you offer a mobile option to your web panel? Evidence froma probability-based panel of internet users. Social Science Computer Review, 32, 544-560.

[270] Toepoel V, Vermeeren B, Metin B (2019). Smileys, stars, hearts, buttons, tiles or grids: influence of response format on substantive response, questionnaire experience and response time. Bulletin of Sociological Methodology/Bulletin de Méthodologie Sociologique, 142(1), 57-74.

[271] Tourangeau R (1984). Cognitive sciences and survey methods. In Jabine T B, Straf M L, Tanur J M, et al. Cognitive Aspects of Survey Methodology: Building A Bridge Between Disciplines. National Academy Press.

[272] Tourangeau R, Couper M P, Conrad F (2004). Spacing, position, and order: interpretive heuristics for visual features of survey questions. Public Opinion Quarterly, 68(3), 368-393.

[273] Tourangeau R, Couper M P, Conrad F (2007a). Color, labels, and interpretive heuristics for response scales. Public Opinion Quarterly, 71(1), 91-112.

[274] Tourangeau R, Couper M P, Conrad F(2013). "Up means good" the effect of screen position on evaluative ratings in web surveys. Public Opinion Quarterly, 77(S1), 69-88.

[275] Tourangeau R, Rips L J, Rasinski K (2000). The Psychology of Survey Response. New York: Cambridge University Press.

[276] Tourangeau R, Yan T(2007b). Sensitive questions in surveys. Psychological Bulletin, 133(5), 859-883.

[277] Traugott M W, Katosh J P (1979). Response validity in surveys of voting behavior. Public Opinion Quarterly, 43(3), 359-377.

[278] Trull T J, Ebner-Priemer U W (2009). Using experience sampling methods/ecological momentary assessment (ESM/EMA) in clinical assessment and clinical research: introduction to the special section. Psychological Assessment, 21(4), 457-462.

[279] Tucker C, Brick J M, Meekins B (2007). Household telephone service and usage patterns in the United States in 2004: implications for telephone samples. Public Opinion Quarterly, 71(1), 3-22.

[280] Tversky A, Kahneman D (1974). Judgment under uncertainty: heuristics and biases: biases in judgments reveal some heuristics of thinking under uncertainty. Science, 185, 1124-1131.

[281] Twenge J M (2019). More time on technology, less happiness? Associations between digital-media use and psychological well-being. Current Directions in Psychological Science, 28(4), 372-379.

[282] Vathsangam H, Sukhatme G S (2014). Using phone-based activity monitors to promote physical activity in older adults: a pilot study. In 2014 IEEE Healthcare Innovation Conference.

[283] Vehovar V, Couper M P, Čehovin G (2023). Alternative layouts for grid questions in PC and mobile web surveys: an experimental evaluation using response quality indicators and survey estimates. Social Science Computer Review, 41(6), 2122-2144.

[284] Villar A, Callegaro M, Yang Y (2013). Where am I? A meta-analysis of experiments on the effects of progress indicators for

web surveys. Social Science Computer Review，31(6)，744-762.

[285] Villar A，Krosnick J A（2011）. Global warming vs. climate change，taxes vs. prices：does word choice matter?. Climatic Change，105(1-2)，1-12.

[286] Voelkle M C，Oud J H L，von Oertzen T，et al.（2012）. Maximum likelihood dynamic factor modeling for arbitrary N and T using SEM. Structural Equation Modeling：A Multidisciplinary Journal，19(3)，329-350.

[287] Wang N，Kosinski M，Stillwell D J，et al.（2014）. Can well-being be measured using Facebook status updates? Validation of Facebook's Gross National Happiness Index. Social Indicators Research，115，483-491.

[288] Wang P S，Berglund P，Olfson M，et al.（2005）. Failure and delay in initial treatment contact after first onset of mental disorders in the National Comorbidity Survey Replication. Archives of General Psychiatry，62(6)，603-613.

[289] Wang R，& Krosnick J A（2020）. Middle alternatives and measurement validity：a recommendation for survey researchers. International Journal of Social Research Methodology，23(2)，169-184.

[290] Warren J R，Halpern-Manners A（2012）. Panel conditioning in longitudinal social science surveys. Sociological Methods & Research，41(4)，491-534.

[291] Webb E J，Campbell D T，Schwartz R D，et al.（1966）. Unobtrusive measures：nonreactive research in the social sciences. Chicago：Rand McNally & Company.

[292] Weijters B，Baumgartner H（2012）. Misresponse to reversed and negated items in surveys：a review. Journal of Marketing

Research，49(5)，737-747.

[293] Weijters B，Cabooter E，Schillewaert N（2010）. The effect of rating scale format on response styles：the number of response categories and response category labels. International Journal of Research in Marketing，27(3)，236-247.

[294] Wells C，Thorson K（2017）. Combining big data and survey techniques to model effects of political content flows in Facebook. Social Science Computer Review，35(1)，33-52.

[295] Wells T，Bailey J，Link M（2014）. Comparison of smartphone and online computer survey administration. Social Science Computer Review，32，238-255.

[296] Wen C K F，Schneider S，Stone A A，et al.（2017）. Compliance with mobile ecological momentary assessment protocols in children and adolescents：a systematic review and meta-analysis. Journal of Medical Internet Research，19(4)，e132.

[297] Wenz A，Jäckle A，Couper M P（2019）. Willingness to use mobile technologies for data collection in a probability household panel. Survey Research Methods，13(1)，1-22.

[298] Williams D，Brick J M（2018）. Trends in US face-to-face household survey nonresponse and level of effort. Journal of Survey Statistics and Methodology，(2)，186-211.

[299] Williams M T，Lewthwaite H，Fraysse F，et al.（2021）. Compliance with mobile ecological momentary assessment of self-reported health-related behaviors and psychological constructs in adults：systematic review and meta-analysis. Journal of Medical Internet Research，23(3)，e17023.

[300] Willis G B（2015）. Analysis of the cognitive interview in questionnaire design. New York，NY：Oxford University Press.

[301] Wrzus C, Neubauer A B (2023). Ecological momentary assessment: a meta-analysis on designs, samples, and compliance across research fields. Assessment, 30(3), 825-846.

[302] Yan T, Tourangeau R (2008). Fast times and easy questions: the effects of age, experience and question complexity on web survey response times. Applied Cognitive Psychology: The Official Journal of the Society for Applied Research in Memory and Cognition, 22(1), 51-68.

[303] Yang C, Srinivasan P (2016). Life satisfaction and the pursuit of happiness on Twitter. PloS One, 11(3), e0150881.

[304] Zhang C (2013). Satisficing in web surveys: implications for data quality and strategies for reduction. Ph. D thesis of University of Michigan.

[305] Zhang C, Antoun C, Yan H Y, et al. (2020). Professional respondents in opt-in online panels: what do we really know?. Social Science Computer Review, 38(6), 703-719.

[306] Zhang C, Brenner P S, He L (2022). Measuring religious non-affiliation in China: a comparison of major national surveys in China. International Journal of Public Opinion Research, 34(1), edac005.

[307] Zhang C, Cao S, Wang M, et al. (2023). Effects of incidental features of grid questions in web surveys: Similarity of question wording among items. In 78th Annual World Association for Public Opinion Research Conference, Philadelphia.

[308] Zhang C, Conrad F (2014). Speeding in web surveys: the tendency to answer very fast and its association with straightlining. Survey research methods, (2), 127-135.

[309] Zhang C, Conrad F (2018). Intervening to reduce satisficing

behaviors in web surveys: Evidence from two experiments on how it works. Social Science Computer Review, 36(1), 57-81.

[310] Zheng S, Wang J, Sun C, et al. (2019). Air pollution lowers Chinese urbanites' expressed happiness on social media. Nature Human Behaviour, (3), 237-243.